云南省社会科学界联合会 组编

哈尼族史话

范德伟　黄绍文　普亚强　编著

云南出版集团

云南人民出版社

图书在版编目（CIP）数据

哈尼族史话 / 范德伟，黄绍文，普亚强编著. -- 昆明：云南人民出版社，2023.4
（云南史话. 世居少数民族系列）
ISBN 978-7-222-21491-0

Ⅰ. ①哈… Ⅱ. ①范… ②黄… ③普… Ⅲ. ①哈尼族 - 民族历史 - 云南 Ⅳ. ①K285.4

中国国家版本馆CIP数据核字（2023）第043140号

出 版 人：赵石定
统筹编辑：马维聪
责任编辑：陈 迟
责任校对：董 毅
责任印制：代隆参
装帧设计：赵 丹

哈尼族史话
HANIZU SHIHUA
范德伟　黄绍文　普亚强　编著

出　版　云南出版集团　云南人民出版社
发　行　云南人民出版社
社　址　昆明市环城西路609号
邮　编　650034
网　址　www.ynpph.com.cn
E-mail　ynrms@sina.com
开　本　720mm × 1010mm　1/32
印　张　6.5
字　数　92千
版　次　2023年4月第1版第1次印刷
印　刷　云南速盈印刷有限公司
书　号　ISBN 978-7-222-21491-0
定　价　36.00元

如需购买图书、反馈意见，请与我社联系
总编室：0871-64109126　发行部：0871-64108507
审校部：0871-64164626　印制部：0871-64191534

云南人民出版社微信公众号

总序

七彩云南，气象万千。

这里东连黔桂，西邻缅甸，北靠川渝，南接越南、老挝，是祖国大陆通往南亚东南亚、出印度洋的枢纽和大通道。特殊的地理，悠久的历史，孕育了深厚的文化底蕴，创造了丰富多彩的灿烂文化，云南成为中华文化同南亚次大陆文化、东南亚文化交汇的区域，是文化交汇、融合、多样性的现代范本。

这里山川纵横。横断山、哀牢山、无量山、云岭、乌蒙山等山系支撑起祖国西南辽阔的天空。这里碧水荡漾。滇池、洱海、抚仙湖、程海、泸沽湖、杞麓湖、异龙湖、星云湖、阳宗海等湖泊，像一颗颗璀璨的明珠，镶嵌在云南高原上。这里江河澎湃。金沙江、澜沧江、怒江、红河、珠江、伊洛瓦底江等六大水系连通各民族共同的家园。这里是植物王国、动物王国、有色金属王国；这里气候温和、四季如春，是世界花园。

这里历史悠久。元谋人从170万年前的远古走来。战国中晚期庄蹻入滇，第一次连接了楚文化与滇文化。秦开五尺道、汉习楼船，云南正式纳入祖国版图。唐宋时期，南诏、大理国文化彪炳史册。元初正式建立行省。明清时期，云南经济社会得到长足发展。20世纪初，云南各族人民打响了护国起义第一枪，巩固了辛亥革命成果。在抗日战争中，几十万云南各族儿女征战沙场，扬我国威。西南联合大学谱写了世界教育史上的奇迹。

在这片红土地上，传承着红色文化基因。走出了王复生、王德三等早期马克思主义播火者，走出了无产阶级军事家罗炳辉，中华人民共和国国歌的作曲者聂耳，马克思主义大众化的中国第一人、我们党思想理论战线上的忠诚战士和学者艾思奇。20世纪30年代，毛泽东率领中国工农红军长征过云南，播下了革命火种。40年代后期，中国共产党领导下的滇桂黔边纵队与中国人民解放军，在极端艰难困苦的条件下英勇作战，迎来了新中国的诞生！

这一切，催生了一系列独具特色的历史文化：史前文化、古滇文化、哀牢文化、爨文化、南诏文化、移民文化、护国文化、抗战文化、西南联大文化、红色文化等等。

这里是民族文化的富集区、民族文化多样性的活态博物馆。25个世居少数民族中有15个特有少数民族。民族文化丰富多彩、博大精深、底蕴深厚、特色鲜明。如彝族的毕摩文化，汉传、藏传、南传佛教文化，傣族的贝叶文化，纳西族的东巴文化，哈尼族的梯田文化等，还有各种各具特色的丧葬、婚姻、服饰、建筑、节日、歌舞、生态等文化形态。此外，还有各民族长期以来相互交融、相互学习、共同发展而产生的综合性文化，如茶文化、医药文化、烟草文化、驿道文化、青铜文化、石刻文化等，异彩纷呈，不胜枚举。

云南各民族的优秀文化是中华文化的重要组

成部分，是中华文化的瑰宝，是中华民族文化大花园中的奇葩。在长期的发展演变中，在红土高原上，形成了独具特色的历史文化、地域文化、民族文化，其突出特点是多样形态、多元一体、和谐共生。

在经济全球化、文化经济化、经济文化一体化的今天，文化既是社会生活方式，又是一种社会生产力，更是各民族共同的精神家园。在中国特色社会主义进入新时代的历史条件下，要深刻认识文化的作用，把精神的力量转化为物质的力量，把文化的软实力转化为高质量发展的硬实力。

习近平总书记指出："我们要坚持道路自信、理论自信、制度自信，最根本的还有一个文化自信。""要坚定文化自信，推动社会主义文化繁荣兴盛。""没有高度的文化自信，没有文化的繁荣兴盛，就没有中华民族伟大复兴。要坚持中国特色社会主义文化发展道路，激发全民族文化创新创造活力，建设社会主义文化强国。"这是党中央赋予我们这一代哲学社会科学工作者的历史使命。承担起新时代的这一历史使命，必须在新的实践基础上，坚持以社会主义核心价值观引领文化建设制度，推动文化的创新发展；必须深入挖掘传统文化资源，从中汲取历史智慧，引导云南各族人民树立正确的历史观、民族观、国家观、文化观，推动传统文化创造性转化、创新性发展；还必须为各族人民提供丰富的精神食粮，不断满足人民对美好文化生活的新期待。

云南省社科联为贯彻落实党中央关于繁荣发展哲学社会科学的重要部署，传承弘扬云南优秀传统文化，坚定各族干部群众的文化自信，决定组织全省有关专家学者编撰出版“云南史话”系列丛书，分别为地方系列、世居少数民族系列、特色县市系列、民族文化艺术系列、重大历史事件系列等5个部分，每套丛书有20种，共计100种。这是一项规模宏大的系统工程，计划用5年左右时间完成。通过本套丛书，我们将深入挖掘云南宝贵的文化资源，认真梳理云南文化发展脉络，总结云南文化发展的特点及其规律，讲好云南文化故事，把云南历史讲明白，把云南文化讲精彩，把云南文明讲透彻，把云南经验讲深刻，使云南各族人民能够从历史中汲取智慧，从文化中获得自信，从文明中得到滋养，从经验中得到启迪，进一步增强文化自觉、坚定文化自信，正确认识和把握云南在全国发展大局中的地位和作用，立足新发展阶段，贯彻新发展理念，构建新发展格局，开创云南高质量发展的新局面，不断把习近平总书记为我们擘画的蓝图一步步变为美好现实，谱写好中国梦的云南篇章。

是为序。

云南省社科联党组书记、主席　张瑞才

2021年2月

目　录

导言

哈尼族的地理区位

起源于雅砻江、大渡河流域的哈尼族先民，历经千余年的迁徙生活后，至明代，已全部定居于滇南哀牢山区和无量山区的红河流域和澜沧江流域，与彝语支的其他民族和百越系统的傣族形成大分散、小聚居的分布格局。因此，要想画出一幅地理区域界线鲜明的哈尼族分布图是十分困难的。自然条件、民族分布、语言族属、宗教信仰、生产方式、生活习俗方面的不同，不仅从形式上影响了各民族的物质生活，而且从内涵、功能以及心理等方面深刻地影响了各民族的精神文化生活，使不同的民族分布区域呈现不同的文化形态。因此，将历史上形成的哈尼族分布相对集中的区域作为哈尼族文化区，研究其文化发展及演变具有重要的现实意义。

文化区是指具有某种文化特征的人群在空间上的分布区域。语言和宗教是其划分的重要指标。但是，一方面，历史上哈尼族形成了“小聚居、大分散”的分布格局，加之山川河流的自然阻隔，使用的语言也不完全相同，又无传统文字，客观上加深了哈尼族各支系语言的相异性。另一方面，哈尼族也未形成统一规范的宗教信仰。因此，按语言和宗教来划分哈尼族文化区十分困难。在参照这两个方面指标的基础上，应将生产方式、经济形态、居住形式、风俗以及对自然环境的适应作为划分哈尼族文化区和亚文化区的指标。

至20世纪50年代初期，哈尼族主要聚居在滇南元江—红河、把边江—李仙江、澜沧江流域的哀牢山和无量山之间的广阔区域，并在墨江、元江、红河、元阳、绿春、金平、宁洱、江城等地形成明显的哈尼族分布核心区。以此核心区为据点，北至景东—玉溪一线，东至玉溪—河口一线，西至景东—孟连一线，南接中越、中老、中缅边境，形成一块不规则的多边形哈尼族分布区域。

显然，上述哈尼族文化区的核心地区是哈尼族文化特征表现最为明显或最为典型的地方。核心区周围的边缘区，其文化特征的典型性随着离核心区距离的增加而逐渐减弱。但是，文化边缘区消失的进程是渐进的、长时间的。因此，边界是不明显的，往往具有宽广的过渡带。如今禄劝、双柏、易门等地还有零星的哈尼族分布，说明哈尼族的迁徙在北部边缘形成了很宽的过渡带，也揭示出哈尼族由北向南迁徙的轨迹。

哈尼族概况

据统计，中国哈尼族人口有166万余人(2010年第六次全国人口普查数据)，主要分布在云南省，是云南省特有的15个少数民族之一。改革开放以来，由于人口流动，全国各地都有哈尼族零星分布。

在漫长的历史进程中，由于哈尼族先民在相对封闭的哀牢山、无量山中生存发展，加之彼此又被山河阻隔，因此哈尼族内部形成了若干繁杂的称谓，其自称和他称有哈尼、僾尼、雅尼、豪尼、和尼、海尼、觉围、觉交、碧约、阿卡、卡多、阿木、阿里卡多、阿古卡多、多卡、多塔、布都、布孔、补角、叶车、白宏、腊咪、昂倮、糯比、糯美、罗缅、期弟、各和、哈欧、卡别、阿邬、果作、阿松、峨努、阿西鲁马、西摩洛等30多种，其中，以自称哈尼的人数最多。尽管历史上哈尼族有诸多不同的自称和他称，但哈尼这一称谓在大部分哈尼族地区一直被沿用。因此，中华人民共和国成立后，中央人民政府根据哈尼族大多数人的意愿，以自称人数最多的“哈尼”作为哈尼族的统一名称。

从自称和他称的角度看，自称为哈尼的支系主要分布在红河、玉溪、普洱3个州市中的哈尼族聚居县，其内部又有糯比、糯美、各和、腊咪、期弟、果作、叶车等若干他称。他称为腊咪的支系主要居住在红河县、绿春县、墨江县，少量居住在元阳县俄扎乡和金平县的者米拉祜族乡；他称为叶车的支系居住在红河县的浪堤、大羊街、车古3个乡；他称为多尼和阿邬的支系居住在元阳县和金平县；他称为期弟和果作的支系居住在绿春县和金平县；他称为各和的支系居住在元阳县、红河县和金平县。自称为白宏的支系主要居住在红河县、绿春县、墨江县、江城县，少量居住在元阳县黄草岭乡；自称为阿松的支系居住在绿春县、元阳县、红河县；自称为哈欧的支系居住在绿春县；自称为哈备的支系居住在金平县的者米拉祜族乡；自称为碧约、西摩洛、卡多、卡毕等的支系居住在绿春县、墨江县、江城县；自称为雅尼的支系，主要分布在澜沧、景洪、勐海、勐腊等县市。糯比和糯美是居住在新平、元江、元阳、红河、金平、建水等县的哈尼族支系内部因地理方位不同而产生的互称。一般是居住在东南方的被称为糯比，居住在西北方的被称为糯美。

哈尼族研究概况

哈尼族研究始于20世纪40年代末，汉族学者相继进入哈尼族地区，对哈尼族的语言进行调查研究。袁家骅的《窝尼语音系》《峨山窝尼语初探》在有关学术刊物上发表，开创了国内哈尼族文化研究之先河，为哈尼族文化研究打下了基础。

20世纪50年代初的哈尼族社会历史调查，搭建了一个历史性的学科研究交流的平台，取得了一定的成绩，其中以考古、历史、语言学科的研究成果较为突出。如：高华年的《扬武哈尼语初探》，中国科学院少数民族语言调查第三工作队和云南省少数民族语文工委编的《哈汉对照小辞典》，胡坦、戴庆厦的《哈尼语元音的松紧》，方国瑜的《哈尼族历史简介》《祖国兄弟民族：哈尼族》，中国科学院民族研究所和云南少数民族社会历史调查组编的《哈尼族简史简志合编（初稿）》（1964年油印本）。

20世纪50年代哈尼族社会历史调查的主要成

果，体现在20世纪80年代中后期出版的《哈尼族简史》《哈尼语简志》《哈尼族社会历史调查》等研究专著中，为哈尼族社会历史研究提供了资料。哈尼族语言的调查与哈尼文的创制，也始于20世纪50年代初。中国科学院少数民族调查队在广泛而大规模的调查研究基础上，把哈尼语划分为哈雅、碧卡、豪白3个方言，制定了拉丁字母形式的《哈尼文字方案（草案）》，报国家民委批准试行。

1979年后，哈尼族文化研究逐渐兴起，本民族的学者也逐步成熟起来，哈尼学研究进入发展时期。20世纪80年代，哈尼族地区开展了大规模的少数民族民间文学、音乐、舞蹈“三套集成”的搜集整理工作，并陆续推出成果。如《罗槃之歌》《哈尼阿培聪坡坡》《木人克沙》《十二奴局》《哈尼族四季生产调》《哈尼族民间故事选》等。

随着哈尼族学者队伍的不断壮大，哈尼学研究走上正轨，1984年以来相继成立了红河哈尼族彝族自治州民族研究所、红河哈尼文化国际研究中心、墨江县哈尼学研究所、中央民族大学哈尼学研究所、云南民族学会哈尼学研究委员会、红河州哈尼学学会等研究机构和学术团体。这些研究机构和学术团体促进了哈尼族文化研究各学科之间的沟通与渗透，推动了哈尼学研究队伍的成长和研究成果的不断问世，成了哈尼族研究和哈尼学学科建设的支撑和中坚力量。

20世纪90年代，本民族的研究队伍逐步形成，哈尼族研究由点的调查到面的研究、由一般研究到深入研究、由单一问题研究到系统综合研究，迈出了可喜的一步。哈尼学研究的国际化趋势初显，在国内外逐步成为热点学科。1993年，在个旧、元阳、建水流动召开首届国际哈尼族文化学术讨论会。2012年，先后在泰国清迈，中国的景洪、红河、墨江、绿春、元江召开了第二、第三、第四、第五、第六、第七届国际哈尼/阿卡文化学术讨论会。这一文化学术讨论会成为具有国际影响力的哈尼学研究论坛。

2008年，红河州委、州政府与昆明、玉溪、西双版纳、普洱、楚雄等州市的有关领导、学者，共同商讨，形成合力，抢救已经濒危的哈尼口传文化，决定用10年左右的时间，完成搜集、翻译、整理、出版《哈尼族口传文化译注全集》100卷。搜集范围包括红河、普洱、西双版纳、玉溪、昆明、楚雄等州市及东南亚地区；内容涉及史诗、神话、传说、故事、祭词、谱牒、歌谣、谚语、谜语等非物质文化遗产。到2017年底，已正式出版50卷。

历经13年的申遗，2013年6月22日，在柬埔寨金边召开的第37届世界遗产大会上，以元阳梯田为代表的哈尼梯田核心区，以其真实性和完整性被列入联合国教科文组织的《世界遗产名录》。然而，对于哈尼梯田来说，这并不意味着保护的终结，恰恰是挑战的开始。21世纪以来，哈尼梯田面临着一些困境，主要表现在：生态系统变迁，导致涵养水源功能的下降；在开发利用遗产区资源中出现梯田景观被毁坏的情况；杂交稻的“绿色革命”导致多样性传统水稻品种流失；改变土地利用方式导致梯田面积萎缩；传统观念的改变导致文化传承断代；等等。

第一章　哈尼族的分布与自然环境

哪些人是哈尼族人？

一、历史上的哈尼族

检索历史文献，可以发现哈尼族的历史称谓多与“和”有关。于是，学术界的许多人认为，《尚书·禹贡》中出现的居住在梁州的和夷就是哈尼族的先民，至少也是包括哈尼族在内的一个民族的称谓。但这一说法缺乏佐证。

就算抛开和夷不计，至少在唐朝时期就有关于和蛮的记录，可以认为当时的和蛮就是哈尼族的先民。此后，作为一种族称，历史文献中出现的哈尼、哈泥、哈宜、和泥、禾泥、豪尼、豪

泥、黑泥、窝泥、斡泥、倭泥、俄泥、阿泥、阿木、爱尼、倭尼、雅尼等等，虽用字有差异，发音却相同或相近，故被认为是同一族称的不同记录。文献中还有与这些称谓相差很大的一些族称，如罗缅、糯比、路弼、碧约、毕约、卡惰、惰塔、西摩罗等。被冠以这些族称的人自称哈尼、和泥，或他称亦有哈尼、和泥，所以说罗缅、糯比这些族称也是哈尼族在不同历史时期和不同地域的称谓。从唐朝文献中的和蛮开始，哈尼族作为一个被认知的民族出现在历史长河中。

能够证明哈尼族悠久历史的还有哈尼族世代相传的父子连名制。父子连名制，是与我们熟知的姓氏制度并行的，是同样具有追溯先祖、区别亲疏功能的一种命名制度。简单说，就是父亲名的末音节是儿子名的头音节，如"……奥黑—黑拖—拖马—马肖……"（元阳麻栗寨李黑诸谱系）。父子连名制并不是哈尼族独有的，而是包括彝族、纳西族、傈僳族、拉祜族、独龙族、怒族、基诺族等民族在内的藏缅语族彝语支民族的共同特征。

对于没有文字的哈尼族而言，父子连名制的意义更重要。它被认为是哈尼族文化的活化石，或者是代际时序表。透过这个代际时序表，再结合历史文献的零星记录，我们能够对哈尼族的社会历史变迁进行探讨。哈尼族的父子连名，一般可以上溯到四五十代，更早的能够追溯到六七十代。人类学家通常以25年为一代来计算代际，40代约有1000年，60代约有1500年。

二、民族识别出的哈尼族

哈尼族是个在历史上一直存在的民族，不过，哈尼族作为一个族称出现，从历史上的记录来看，并不太久。我们需要搞清楚的是，现在的哈尼族及其各支系，是在中国共产党的领导下，通过民族识别工作而识别出来的。

1953年，中华人民共和国进行第一次全国人口普查时，运用马克思主义民族理论，密切结合我国的历史和实际，本着各民族一律平等、尊重民族传统意愿的原则，对多达400余个民族名称逐一进行科学地甄别，云南省一下子就出现了260多个族称，

占全国400多个族称的60%。这260多个自报的族称，来源五花八门。当时参与审核工作的林耀华先生对此印象颇为深刻，他回忆说："仅从表面上分析，就发现'族称'颇为混乱，有的用自称，有的用他称，有的用民族内部分支名称，一些人自报地方籍贯名称，另一些人竟自报特殊职业的名称。"

此后，经过4个阶段的民族识别工作，云南省的民族被归并为26个，除了汉族外，其他25个为少数民族，而原来自报的族称，许多成了某一民族的支系名称。其中，西摩罗、卡都、索比、糯比、碧约、豪尼、拉乌、阿木、耶尼、哥搓、阿西鲁吗、多尼、梭尼、罗美、卡多、雅尼、白宏、布都等10余个自报的族称，被专家们识别归并入哈尼族，成为哈尼族中的支系名称。

哈尼族的族源之谜

一、有关哈尼族族源的各种说法

哈尼族的族源问题，至今也没有定论。学术界的主要分歧是迁入说与土著说。在迁入说中，又有北来与东来的争议，以及北方南下的游牧民族与北上的南方稻作民族融合而成的二元文化说。也就是说，在哈尼族起源的问题上，至少有4种说法：北来说、东来说、二元文化说、土著说。有趣的是，这些说法都有一定的道理。我们就按这些说法出现的时间顺序，逐一来梳理一下。

（一）北来说

北来说是开创了哈尼族历史研究的学者们的看法。最早的有关哈尼族历史的两部专著，即《哈尼族简史简志合编（初稿）》和《云南省哈尼族社会历史调查（哈尼族调查资料之一）》。20世纪80年代，这两部书经修订分别定名为《哈尼族简史》和《哈尼族社会历史调查》，并正式出版。它们填补了哈尼族历史研究中长期存在的空白，奠定了哈尼族历史研究的基础。在书中，学者通过文献研究、方言比较、口传历史调查、民俗比较、社会史调查等方法，提出了支撑北来说的依据：

文献记载方面。从《尚书·禹贡》“和夷厎绩”中的和夷，到《新唐书·南蛮传》“和蛮大首领”

中的和蛮，以及之后见于汉文献中的其他名称，如和泥、禾泥、窝泥、倭泥、俄泥、阿泥、哈尼、斡泥、阿木、罗缅、糯比、路弼、卡惰、碧约、惰塔等，“其义音基本一致”，“可以说，哈尼族在二千多年来，基本上就具有一个统一的名称即‘和人’”。从这种相承的关系，就可以追溯和夷及其活动地域。根据《尚书》至少成书于春秋战国时期，可以推导出和夷在先秦所居之地是在华阳与黑水之间的梁州。一般认为，“从今陕西、甘肃两省秦岭以南，包括全部四川省，叫作梁州”。因此，可得出北来说的关键性论断：“和夷早在公元前三世纪（战国时），已分布于今四川大渡河南岸及雅砻江以东的连三海、海子等沼泽地带及发源于连三海的阿泥河（安宁河）流域。和夷与和蛮、和泥（哈尼语义‘泥’为人）的含义同为‘和人’，当为哈尼族的早期先民。”

地名判别。“地名是民族留居的脚印。”有学者就认为，峨山、阿坝、峨边、峨水、涐水、阿泥河等，就是哈尼族留下的地名。

语言比较方面。哈尼族的语言，属于汉藏语系藏缅语族彝语支，与彝族、拉祜族、傈僳族、基诺族的语言比较接近，“表明他们之间有着密切的历史渊源关系”。这种渊源关系，说白了就是藏缅语族被认为出自古代的氐羌族群。“据近人研究，彝语与越嶲、西昌一带的古代羌语相近。”另有学者言及曾经将哀牢山区的哈尼语与凉山州的彝语进行比较，发现相距千里的两种语言居然有一半以上的词素是相同的。这正可证明，“从文献记载和传说来看，彝族的迁徙方向与哈尼族同样是由北往南迁徙。两族一向杂居或邻居，和睦相处，世通婚姻”。

哈尼族的口传历史。哈尼族的口传历史也表明曾经的迁徙是从北而来。“据哈尼族最集中的哀牢山区墨江、红河、元阳、绿春一带的普遍传说，其先民游牧于遥远的北方一条江边的‘诺玛阿美’平原。后逐渐向南迁徙。”哈尼族史诗《哈尼阿培聪坡坡》（以下简称《聪坡坡》）、《哈尼祖先过江来》等，均为祖先迁徙的故事，而且被认为是从北

往南迁徙。

民俗比较。从民俗比较看，“哈尼族与彝族一样直到晚近或现在，还保有与古羌人相同的火葬、父子连名制等习俗特点。从而可以初步推断其族源与古代羌人有一定的亲缘关系”。另外，哈尼族民间还普遍具有“追思、崇尚北方和游牧生活的民俗事象及其心理意向”。后来，有学者对这些民俗进行了整理，认为“哈尼族与诸羌部落的文化特征有许多相似性”。

（二）东来说

东来说也是开创哈尼族历史研究的学者们在社会历史调查时注意到的。他们承认，“关于哈尼族的来源，本民族中也还有其他传说。如墨江和红河地区，有传说来自江西、贵州甚至来自北京的，元阳有传说来自南京的”。他们认为：“这当是哈尼族在迁徙和定居的各个历史时期中，特别是在明代移民中原汉族以充实云南之后，不断地与同一区域的其他民族尤其是汉族发生经济、文化及血缘上的渗透而产生的传说。同样，在长期的历史发展过程中，也有不少的哈尼族融合于其他民族中。这种民族间的自然融合，是任何历史时期都存在的。但哈尼族的族源毕竟不是中原汉族，而应与彝族同源于古代羌人。”

（三）土著说和二元文化说

至于土著说和二元文化说，是比较新颖的说法。

土著说的代表人物是孙官生。他在《古老·神奇·博大——哈尼族文化探源》一书中，详细罗列了哈尼族为土著民族的理由。他认为：“哈尼族是以云南红河流域哈尼族先民为主体，吸收、包容了这一地区彝族、白族、瑶族的部分先民，以及云南以外的四川、南京（江苏、湖广）一带的汉族及其他少数民族，在漫长的岁月里经过无数次融合，逐渐形成的一个支系众多的民族。”

二元文化说的代表是史军超。他认为，氐羌是游牧民族，而哈尼族从和夷开始就是稻作民族，由此可知，哈尼族是二者融合的，即由青藏高原南下的北方游牧部落与由云贵高原北上的南方稻

作的夷越民族融合而成的。“就族源论，当是双向的（由北向南与由南向北的交汇）、复合的（南方土著民族与北方迁徙民族的融合）；就文化论，他们是南方夷越民族的滨海文化与北方游牧部落的高原文化的化合体。”

二、哈尼族族源的再思考

在土著说与二元文化说提出后，并没有动摇北来说的地位，在此姑且存疑。笔者以为需要说明的是，在哈尼族的历史长河中，会有许多的支流汇入。在找到最早最主要的源头之前，每一条支流都应追溯其源头，然后逐一研究、比较这些源头，找到最早最主要的那一条。以现在的资料来判断，哈尼族的主要源头还是由北而来。但仍旧有几个问题值得深思：

一是哈尼族北来的“北”，最初在何处？因为即使以和夷的身份进入历史学家视野，哈尼族名称的出现，最早也只是在《尚书·禹贡》成书的时代。有人认为，在融入诸羌之前，哈尼族可能属于东夷的一部分。他根据中国早有东夷西戎南蛮北狄中华夏的划分，认为“和”既然被称为“夷”，应该起源于东方。鸟图腾是东夷的重要特征，而哈尼族曾经以鹌鹑作为图腾。在今山东曲阜，曾经有个古奄国，即以鹌鹑鸟为图腾。东夷是传说中黄帝时代就存在的古老民族，其西迁也并非没有可能性。

二是哈尼族如果是迁徙而来的民族，从现有的资料判断，其迁徙的时间最早不会早于《尚书·禹贡》成书的时代，即战国时代。多数哈尼族人认为其祖先是聪莫烟，而《哈尼族简史》认为聪莫烟与彝族始祖仲牟由是同一人物，且是7世纪即唐代早期的人，则哈尼族的迁徙应该是唐朝及其以后发生的事。考古证明，在今红河州境内，远在距今约1万年的旧石器时代已经有“蒙自人”，而新石器时代和青铜器时代的遗址在红河州也广为分布。如果哈尼族是迁徙而来的，与当地的世居民族怎么相处呢？

三是体质人类学的初步研究表明哈尼族“从族源来说，较接近彝族、白族。但身材较矮，又有

某种南亚类型的成分”。这可以成为哈尼族与本地世居民族融合的一个证明。至于哈尼族与氐羌族群的关系，还需要更多的证明材料。

四是哈尼族在历史上曾经有很长时期处于半游牧半农耕状态。北来说显然侧重于游牧方面，凸显其迁徙的性质。而土著说则侧重于农耕方面，凸显其农耕民族的定居性。真实的情况也许是，半游牧的哈尼族所从事的农耕并没有进入到让农田休耕或给农田施肥的阶段，还处于刀耕火种的粗放阶段。正是这样的状态，造成他们长期处于缓慢流动中，成为其迁徙的重要前提。当狩猎收获越来越少、土地因肥力下降收成也越来越低时，又或者他们耕种的土地被其他族群侵占，都使哈尼族先民不得不迁徙。在哈尼族的一些族群中，刀耕火种、游耕的情况曾经长期存在。据1992年出版的《绿春县志》记载，截至1985年，居住在偏僻山区的哈尼族仍旧维持着刀耕火种，耕种面积仅占全县耕地面积的22.4％。哈尼族的迁徙并没有固定的方向，但是考虑到生态环境的再生能力，南方明显强于北方，这是其逐渐南迁的重要原因。

哈尼族的族称及各支系

一、哈尼族的族称

中华人民共和国成立后，通过民族识别工作，哈尼族于1954年被认定为单一的少数民族，又充分考虑到民族意愿，最后确定以哈尼（Hani）族作为族称。

在长期的发展历史中，哈尼族拥有了众多族称，大致可归为自称、互称、他称3类。自称是哈尼族某支系对外交往时所用的称谓。互称是哈尼族各支系之间互相认可的族称。他称则是其他民族对某地哈尼族的称呼，一般来自哈尼族的自称、互称，也可能来自不同民族的不同认识和叫法。

在历史上，自称、互称、他称互相影响和转变的情况，当不在少数。譬如，自称演变为他称，他称演变为互称，互称又演变为自称。也可能彼此难以兼容。有的族称可能只是一时一地使用过的称谓，有的则是一直在使用的称谓，有的

是同音异词，有的是异音同义，有的是音义皆异，等等。

哈尼族历史上的族称，有和夷、和蛮、和泥、窝泥、倭尼、斡泥、哈尼等等。夷、蛮、泥（尼）意思均等同于人。和的基本发音是“Wo”，因以汉字记音而发生了一定的变化。《蛮书》和《新唐书》均记录在云南少数民族的语言中，和是山坡之义，哈尼也就是住在山坡上的人。

有的他称带有歧视之义，如和夷之夷、和蛮之蛮，还有戎、狄之类。这些都是封建统治阶级对少数民族有所歧视的表现，尤其在明清志书中普遍使用以“虫”“犭”作为偏旁的字，歧视意味更浓。中华人民共和国成立后，明令废止了这些带有歧视性质的字，如猡、猓改为倮，獠改为僚等。

还有的本来具有歧视意味的他称，在被被称者接受后逐渐成为其自称。譬如，阿卡，卡为傣语，义为奴隶。这种称谓与开始于10世纪的勐泐奴隶制度有关。在这种制度下，除了奴隶主，其余人均被称为奴隶。哈尼族也默认了这种不平等的社会地位，自称阿卡就是这种默认的最直接的表现。

二、哈尼族的支系

在中国境内，哈尼语分为哈雅、碧卡、豪白三大方言和若干土语，对应着各支系。

哈雅包括自称为哈尼、雅尼及近音如哈欧、和尼、海尼、僾尼、然阿尼等的支系。称哈尼的主要分布在红河南岸各地，如元江县、红河县、元阳县、绿春县、金平县等地。称雅尼的主要分布在澜沧江地区，如西双版纳州各市县、澜沧县等地。称和尼的分布于禄劝县、武定县。

碧卡包括自称为碧约、卡多、卡碧等的支系。自称碧约、卡多、卡碧的支系，多分布在普洱市的墨江县、思茅区、宁洱县、镇沅县、江城县、景东县、景谷县及红河州的绿春县、红河县等地，部分分布在玉溪市新平县。

豪白包括自称为豪尼、白宏、布孔等的支系。其分布以普洱市为主，元江县、红河县、绿春县

也有分布。

其他还有自称俄努、阿木、阿克、西摩罗等的支系。

同一方言内部一般可以自由沟通，特别是自称相同的支系，即使地域远离，也可以对话。不过，各大方言之间要对话沟通则很困难。

需要说明的是，自称、互称、他称均带有很大的随意性。毕竟，在现实生活中，往往会有以居住地、特色服饰等来作自称、互称、他称的情况。

第二章　哈尼族的传说时代
——游牧和早期迁徙

在哈尼族生活的地方，流传着大同小异的创世神话。我们把这些离奇动人的神话故事用社会发展史的经线连接起来，就可以把哈尼族在远古时代的游牧生活和早期的迁徙勾画出一个大致的轮廓。

哈尼族神话中的历史

一、人类起源神话

人类起源在哈尼族的神话传说中表现为动物创世和神灵创世的神话传说。

（一）动物创世

哈尼族神话《天、地、人的传说》讲：相传，

在远古时期，世间只有茫茫一片雾在无声无息地翻腾，后来这片雾变成了无际的汪洋大海，生出了一条看不清首尾的大鱼。从大鱼脊背里出来的那对人种，男的叫直塔，女的叫塔婆。他们从大鱼脊背里出来不久，塔婆便怀孕生下了21个娃娃。这21个娃娃，老大是虎，老二是鹰，老三是龙，剩下的9对是人。后来龙做了龙王，为感激塔婆的养育之恩，向塔婆敬献了3个竹筒。塔婆打开竹筒来看：见第一个竹筒里是金银铜铁和珠宝，就让它们钻到地下去了；见第二个竹筒里是稻谷、苞谷、荞子、棉花和草木，就让它们长到地里去了；见第三个竹筒里是飞禽走兽，除了留下一头牛慰劳众神改天换地外，其余的都让它们跑到山里去了。

哈尼族神话《燕子救人种》讲：古时候，一场洪水淹没了大地，天神立即派出仙人到人间察看。仙人终于在很远的天边发现了一个没有裂缝的木箱，一歪一倒地很快就要被洪水淹没。仙人轻轻地降到水面，蹲在木箱边看了看，又贴近耳朵听了听，终于发现木箱里装着一男一女。于是，天神先后派出啄木鸟、老鼠等动物，但它们都没能打开木箱，最后派出他最疼爱的燕子。燕子来到木箱旁，不慌不忙地绕着木箱用它的翅膀拂了一圈，打开了木箱。从木箱里面走出一男一女。可是，大地上只有一男一女2个人，不好过日子呀。于是，天神把天上的动物和植物撒到了大地上，让它们在大地上安家，不准它们再回到天庭。而燕子却是个例外，当大地秋风萧瑟、寒气逼人的时候，天神让燕子回到天庭，待来年春暖花开时，才又让它回到大地上。人们没有忘记燕子的救命之恩，让它在最神圣的堂屋上筑巢。

哈尼族神话《神的古今·神的诞生》讲：在远古的时候，世上只有无边无际静止不动的雾团，在雾中生出大海，大海中又生出一条巨大的金鱼。金鱼的左右鳍分别扇出了蓝天和大地，从脖颈的鱼鳞中抖出了太阳神约罗和月亮神约白，从脊背上抖出了天神俄玛和地神密玛，从腰部抖出了一男一女2个人神。由此，宇宙万物萌芽了。

哈尼族神话《青蛙造天地》说：在远古时代，

宇宙没有天地人烟，只有漫无边际的海水，水中有千万种动植物。随着岁月的推移，水中的植物被动物吃光了。为了防止水中生物互相吞食殆尽，大海龙王命令青蛙到水域之外造天地。青蛙经过千辛万苦，造就了天地日月和世间万物。

类似的神话不胜枚举。这类神话的共同主题就是动物创世，也是哈尼族自然宇宙观的典型反映。

（二）神灵创世

创世史诗《木地米地》讲：古时候，没有天没有地，天神和龙王没有居所，天神要造天和地。天神通过找天基地基、抬天被地被和孵天蛋地蛋等一系列的努力，终于造就了天地，进而造就了日月与万物。

创世史诗《十二奴局》说：在远古的时候，天地混沌不分，没有蓝天，也没有大地，天神和地神无处栖身。天神朱比阿朗和地神朱比拉沙造就了蓝天、大地、太阳、月亮和星星。天神莫米又把日月光线梳下来，普照万物。

创世史诗《阿波仰者》说：古时候，天是个烂天，地是个破地，没有日月星辰，也没有风雨雾雪。天神打碎原有的烂天，重造蓝天，并造出日月；地神废弃原有的破地，重造大地。天神又使大地上万木生长、禽畜欢腾、人丁繁衍。

《神和人的家谱》讲天神之女与凡人的恋爱婚俗；《动植物的家谱》中，不仅讲到天神梅烟恰（连名谱系中的第10代）生下了4个始祖，即人的祖先恰乞形（连名谱系中的第11代）、走兽的祖先伏哈、爬行动物的祖先优本、飞禽的祖先优贝，而且讲了人与动物通婚的故事。类似的神话传说还多，神、动物、人的名字连在一起，说明哈尼族家谱是多元连名的生态链，也反映了神—动物—人的生态演变历程。

在哈尼族的早期神话中，神被视为派生之物，神是从水、气、雾等具体的物质实体中衍生出来的。但是，在创世史诗中，神已经上升为万能的主宰，神的意志成了宇宙万物衍生和存在的根据，这是神创世的思想基础。

二、人类发展早期的神话

哈尼族最早的传说是关于猿猴变人的故事。据说在远古时代，大地上莽莽苍苍，只有参天的林木和飞禽走兽，人类还没有诞生。后来有一些猿猴下到地面，逐渐变成了人。这些最初的人仍然与禽兽为伍，他们巢居高树或栖息在岩穴里；他们不会用火，也没有衣服，靠采集狩猎所得的野果生肉充饥，披树叶兽皮御寒。这个传说，反映了原始时代人类生产生活的情景。

采集是人类早期的生计方式。从迁徙史诗和传说故事中大体可以窥见哈尼族先民早期采集和狩猎生产生活的痕迹。哈尼族的迁徙史诗《聪坡坡》对哈尼族先民早期的生活是这样描述的：“在虎尼虎那时代的祖先 / 他们看见猴子摘果吃就学着摘来吃 / 看见竹鼠啃笋也拿来尝一尝 / 学着穿山甲的满身鳞甲也把树叶串起作遮衣 / 天上的炸雷劈在大树上烧起了大火 / 先祖把火种捧回山洞保存起来。”

这里给我们展示了这样的一些信息：一是哈

尼族先民最初以采集野果、竹笋为生；二是学会了用火，提高了人类在自然界中的生存能力。从《猴子敲石生火》中也可得到同样的信息：传说有一天人和猴子在深山密林里找野果充饥时，突然下起暴风雨，猴子把人群领到石洞里避雨。猴子蹲在石洞口无意中敲击石头时，溅起的火花点燃了枯叶，霎时洞外森林烧起一片火海。人们从未见过火，呆呆地躲在山洞里。大火烧了几天几夜后熄灭了。人们由于几天没吃野果，饿得头昏眼花，无力地走出山洞，只见地上到处是被烧焦了的动物尸体。有人撕下一只烧黄了的麂子大腿，闭上眼睛，咬了一口，嚼着不觉得恶心，反而越嚼越香。从此，人们懂得了用火烧食物使其味香的道理，于是就把火种保存起来，用它烤肉、取暖、照明。后来，人们掌握了击石取火的方法，再后来又发明了钻木取火。

《兄妹传人种》讲：洪水泛滥淹没人类，只有佐罗、佐奔两兄妹避入一个大葫芦中得免于难，后来兄妹俩成了亲，使人类得以繁衍。这个

故事说明哈尼族先民与其他民族一样，曾经历过“在原始时代，姊妹曾经是妻子，这是合乎道德的”这样一种血缘群婚阶段。

传说很早以前世界上只有女子，没有男子。有一个女子喝了怀胎水，生出24种动物。这些动物就是哈尼族各姓氏的祖先。同一种动物祖先的后裔严禁婚配。这说明哈尼族与其他民族一样，经历了盛行图腾崇拜的母权制时代。

在哈尼族的传说中，最大的天神是女神奥玛。她是现实生活中最重要的农业的发明者。这反映了母系氏族时代妇女在生产生活中起着比男子更重要的作用，因而妇女也受到人们普遍的尊重。

哈尼族的游耕与迁徙

哈尼族在历史上迁移的规模、距离和原因在不同历史时期有不同的特点。下文根据零星的汉文史籍记载和已整理出版的哈尼族迁徙史诗《聪坡坡》对哈尼族的原始社会形态、游耕迁移生活做粗略的分析。

一、哈尼族原始的社会形态

《聪坡坡》第一章讲到，哈尼族的第24代塔婆诞生了，她生养了“世人”。塔婆是许多哈尼族传说故事和父子连名谱系中的人类始祖母。

第二章接着讲，哈尼族已迁徙到什虽湖。在那里，诞生了原始的畜牧业和农业。遮姒姑娘把小野猪抱养，遮努姑娘摘来饱满的草籽儿种下，并起名为“玉麦、谷子和高粱”，还发明了农业节令、酿酒技术。因此，“件件大事和她商量”。反映出母系氏族社会中妇女在生产生活方面所起的重要作用。

第三章讲哈尼族先民已迁徙到惹罗普楚。惹罗为地名，具体位置不详；普楚义为立寨、安寨。说明哈尼族先民开始了定居生活，农业和畜牧生产的发展使得社会进步，表现在人口的增长和父权制的确立。如“一家住不下分两家 / 一寨住不下分两寨 / 老人时时为分家操心 / 头人天天为分寨奔忙 / 寨里出了头人、莫批、工匠 / 能人们把大事小事分掌”。头人、莫批、工匠 3 种能人的传说和故事在哈尼族

社会中广为流传，反映了在哈尼族原始社会中曾出现政、教、工艺合一的社会组织形式。

当惹罗普楚发生瘟疫时，妇女呼声微弱："哈尼尊敬的头人阿波（爷爷）/你们的话女人从来不敢顶撞/你们叫哈尼离开惹罗的田地/是惹罗出了不懂规矩的媳妇/还是出了不肯出力的姑娘/你们叫哈尼离开惹罗的山林/是嫌媳妇摘回家的猪草太少/还是嫌姑娘背回家的泉水不凉。"说明了哈尼族的父权制在农耕定居生活中得以确立，男性已居于社会生产生活的主导地位。与此同时，父子连名制的出现，在一定程度上反映了政治权力和私有财产的父子继替关系。

史学界认为，这一时期可能是在公元前3世纪。这时，哈尼族先民仍未脱离氐羌族群，在川西高原地区也没有完全脱离"随畜迁徙，毋常处"的游牧生活。因此，氏族集团、近距离游迁是这一时期的特征。

二、哈尼族的游牧与农耕

氏族部落联盟制的形成和社会经济发展时期。

哈尼族先民融入和夷群体后，沿南北走向的地势和河流继续南迁，在以西昌一带为中心的“都广之野”定居下来。农业得到进一步发展，畜牧业却逐渐衰落，出现了稻作农耕。社会经济发展，人口不断增长，进入了部落联盟制社会。这是这一时期的特征。如《聪坡坡》中这样讲：“哈尼人口实在多/一处在不下分在四面/四个能干的头人/轮流把诺玛掌管/最大的头人叫乌木/哈尼都听从他的指点”，“哈尼头人像树根一样出来/威严地镇守自己的地盘/头上的帽子像山巅高耸/手握木杖象征权力无边/哈尼的乌木说一句话/四个头人把头点”，“诺玛的美名传到东方/传进了腊伯（外族）高高的大城/腊伯的乌木派大队马帮/他们用五彩丝线交换哈尼的红米/用亮亮的金银来换哈尼的白棉/诺玛的美名传到南方/那里坝子一片接一片/出名的坝子叫孟梭/好心的摆夷（傣族）住在那边/摆夷头人也派来牛帮”，来诺玛的“生意人像河里的鱼虾来往穿梭”。这里描写的是由4个血缘亲属部落组成的部落联盟，同时也描写了诺玛的繁荣。

但好景不长，由于社会经济的发展，哈尼族活动地域的扩大，引起了腊伯（外族）的觊觎。腊伯忌妒哈尼族的财富和土地悍然发动了战争，哈尼族战败被迫离开了诺玛阿美，又开始了长途迁徙。

哈尼族迁徙来到云南后，游牧文化日渐消退，稻作农耕成为其文化的主体。在大渡河之南的“都广之野”开始的稻作农耕，在哈尼族迁徙途经的一个又一个的云南坝子中得到了完善和发展，但由于“平坝给哈尼带来悲伤”，于是哈尼族把平坝稻作农耕文化移植到了哀牢山区，并达到了“蛮治山田，殊为精好”的水平。因此，明代科学家徐光启在其《农政全书》中把“梯田”列为7种田制之一。从此，哈尼梯田稻作文化被载入史册。

但由于哈尼族先民来自青藏高原古氐羌族群，游牧文化在哈尼文化中占有重要的地位。如：哈尼语“增”（zeiq）一词，原意是牛、马、羊等家畜的总称，引申为资本或财富。其中，羊在哈尼族生活中占有重要的地位，高等丧礼中必须以羊为主要牺牲；哈尼族至今在哀牢山区仍有放野牛的习惯，即把牛群赶上山，早晚不归厩，3—5天去看一次牛群所在的位置，直至翌年春播才把牛赶下山犁田耙田。这些都深刻地烙上了北方游牧文化的印记。

三、哈尼族的历史记忆：艰难的迁徙

（一）哈尼族在金沙江流域的奴隶制社会时期

哈尼族先民离开安宁河流域的诺玛阿美后，继续向南、东南方向迁徙，并在攀枝花市至永善县的金沙江段两岸形成了5个奴隶制的和泥部落。“和泥”是唐代对哈尼族先民的称呼。自唐代以后，哈尼族先民已从古氐羌族群后裔的部落群中分离出来，形成了一个相对独立的民族群体。汉文史籍对其记载也逐渐增多，哈尼族的迁徙路线也就明晰起来了。

史学界认为，大多数哈尼族是唐代乌蛮仲牟由及其部落群的遗裔。如前所述，仲牟由与哈尼族始祖聪莫烟或初莫耶为同一人。仲牟由众多遗

裔中的绛、阔、闼畔、乌蒙、芒布等5个部落，自唐代至明代，分布在今川西南凉山彝族自治州、滇东北昭通市和黔西北毕节市的乌蒙山区的金沙江两岸，即：绛部落在今云南省元谋县金沙江北岸的姜驿，阔部落在今四川省凉山州之东、金沙江西岸的金阳县，金沙江东岸的今东川、会泽、巧家3县区有闼畔部落，今昭通、鲁甸、大关、绥江等县市有乌蒙部落，今镇雄、彝良、威信等县有芒布部落。

（二）哈尼族迁至哀牢山区的封建领主制时期

绛部落自姜驿分两路迁徙。西路沿金沙江至今永胜县南境涛源一带南渡金沙江后，经宾川县境来到大理洱海之滨（传说中的色厄作娘）。但由于此地已有世居民族，为了避免战争，只能继续往东南至祥云和弥渡县境内的红河源头，并沿红河流向和哀牢山、无量山的走势来到普洱市的景东、镇沅、景谷、澜沧等县和西双版纳州的景洪、勐海、勐腊等市县以及缅甸和老挝的北部山区定居。南路自姜驿南下，经元谋、武定、禄劝、南华、双柏来到滇池之滨的易门、安宁、晋宁等地（传说中的谷哈密查）。据史籍记载，哈尼族曾经在滇池之滨定居农耕，但由于民族矛盾而继续南迁，经玉溪、江川、通海（传说中的那妥）、建水、石屏（传说中的石七）后，南渡红河，进入人烟稀少的哀牢山区，定居至今。

哈尼族迁徙史诗《聪坡坡》中这样讲：哈尼族自离开诺玛阿美后，南迁到一个大海边的平坝——色厄作娘。后来，为了避免战争又东迁到谷哈密查，得到当地世居民族蒲尼（今哈尼族对汉族的称呼）的允许定居下来。谷哈密查义为三尖叉埋藏的地方。哈尼族先民为了向世居居民示好，把兵器埋藏在此地。但随着哈尼族人口的增多、经济的发展，蒲尼出于畏惧而发动战争，哈尼族险些灭族灭种，因战败而被迫南迁，经那妥、石七等地后，南渡红河，进入红河南岸哀牢山区定居下来。

新定居地使哈尼族先民改变了原来的环境认知，他们如是说："从前哈尼爱找平坝/平坝给哈

尼带来悲伤/哈尼不再找坝子了/要找厚厚的老林、高高的山场/山高林密的凹塘/是哈尼亲亲的爹娘。”

（三）哈尼族迁徙东线在六诏山区的定居与流变时期

金沙江流域5个和泥部落中，姜驿的绛部落向南迁徙，其余4部除在金阳的阔部落大部分沦为奴隶融入当地彝族外，在滇东北乌蒙山区的闷畔、乌蒙、芒布等3个部落大部分也逐渐向东南迁徙。经滇东北及滇东的大关、彝良、鲁甸、巧家、会泽、东川、寻甸、马龙等地直到六诏山区。至唐代南诏时形成维摩、强现、王弄3部和泥，属于“三十七部蛮”。宋代大理国时，维摩部在今泸西县南部和丘北县；强现部包括今文山、砚山、马关、西畴4县市；王弄部在今屏边县。自10世纪中叶形成封建领主制度以后，各部领主皆自领其地。但从强现部分化出舍资部领主及牛羊、新现、布旧各寨小领主。强现部领主龙海基统一了各部寨大小领主。时值宋皇祐年间（1049—1054年），狄青部将杨文广追击侬智高过其境，龙海基任向导有功，得受宋皇诏命，世领六诏山区。从此，龙氏遂领今丘北、泸西南部、文山、砚山、西畴、马关、麻栗坡、屏边等县市，南与交趾接壤。

14世纪中叶以后，明朝从中原迁移大量汉族充实云南各地，有不少汉族进入六诏山区，带来了先进的农具和技术，促进了当地农业生产的发展。于是，出现了“土田多美，稼穑易丰”的景象，盛产的稻谷品种有18种之多。和泥以善种稻谷、靛草及饲养花猪著称。如乾隆《开化府志》卷一〇载刘世长“种彝”诗中咏阿泥诗句为“少种禾苗多种靛”。乾隆《开化府志》卷四“物产”条内有“阿泥花猪”。胡本《南诏野史》说，窝泥“善养猪，其猪小，耳短身长，不过三十斤，肉肥腯，名窝泥猪”。

随着生产的发展，六诏山区的城镇也相应兴起。这些城镇多为龙氏领主所建，并已“颇通商贩，牵牛马，载皮囊，远近赴市”。

哈尼族在六诏山区流变的主要原因有二：第

一，受战争的影响。1644年，李自成率农民起义军攻克北京城，但不久后，吴三桂引清兵入关，联合进攻农民军。李自成不敌，退出北京。同年，清世祖入关，定都北京。1665年，滇南石屏龙朋里土官龙在田之子龙韬及族孙龙飞扬、龙赞扬与六诏山教化龙升、龙升霄等土官联合起来，以宁州（今华宁）土官禄昌贤（彝族）为首，举行反清大起义。起义军先后攻陷临安、蒙自、峨山、宁州、易门、通海、石屏、宜良及六诏山区各城邑，震动滇南。清廷派吴三桂出兵镇压了起义。由于六诏山区以和泥龙氏为主的各土官是这次抗清起义的主力之一，于是，清廷借此废除了六诏山区各土官的领地，实行改土归流。从此，结束了和泥龙氏在当地近600年的统治。第二，外族的大量迁入。11世纪中叶以后，有侬人、沙人、白夷进入；14世纪中叶后，汉族大量进入，随即苗族、瑶族也相继进入；16世纪中叶，明朝廷又从广西迁移一批侬人、沙人进入戍守，和泥人在当地居民中的占比逐渐处于弱势。如《天下郡国利病书》卷一〇九《云南临安府》下说："数十年来，广南沙、侬以征戍据其地，窝泥弱而无谋，为所并吞。"特别是17世纪中叶又经吴三桂的镇压和屠杀后，邻近红河的和泥部落向西迁入哀牢山，残余者为了生存，多数被迫隐瞒身份融入当地民族中。从此，哈尼族不再作为一个聚居民族而存在于六诏山区了。

第三章　隋唐宋时期哈尼族的形成

和蛮——哈尼族作为单一民族出现

一、和蛮与哈尼族

在历史文献中，有关唐宋时期和蛮的史料，只有两条。

一是《新唐书》卷二二二《南蛮下》中的：

> 西洱河蛮，亦曰河蛮，道繇郎州走三千里。建方遣奇兵自巂州道千五百里掩之，其帅杨盛大骇，欲遁去，使者好语约降，乃遣首领十人纳款军门，建方振旅还。（贞观）二十二年，西洱河大首领杨同外、东洱河大

首领杨敛、松外首领蒙羽皆入朝，授官秩。显庆元年，西洱河大首领杨栋附显、和蛮大首领王罗祁、郎昆梨盘四州大首领王伽冲率部落四千人归附，入朝贡方物。其后茂州西南筑安戎城，绝吐蕃通蛮之道。生羌为吐蕃乡导，攻拔之，增兵以守，西洱河诸蛮皆臣吐蕃。开元中，首领始入朝，授刺史。会南诏蒙归义拔大和城，乃北徙，更羁制于浪穹诏。浪穹诏已破，又徙云南柘城。

另一条是盛唐时著名的贤相张九龄的《敕安南首领爨仁哲书》：

敕安南首领、归州刺史爨仁哲，潘州刺史潘明威，僚子首领阿迪，和蛮大鬼主孟谷悞，姚州首领、左威卫将军爨彦征，将军、昆州刺史爨嗣绍，黎州刺史爨曾，戎州首领、右监门卫大将军、南宁州刺史爨归王，南宁州司马、威州刺史、都大鬼主爨崇道，升麻令孟耽：

> 卿等虽在僻远，各有部落，俱属国家，并识王化。比者，时有背叛，似是生梗。及其审察，亦有事由：或都府不平，处置有失；或朋仇相嫌，经营损害。既无控告，自不安宁，兵戈相防，亦不足深怪也。然则既渐风化，亦当颇革蛮俗，有须陈请，何不奏闻？蕃中事宜，可具言也。今故令掖庭令安道训往来宣问，并令口具，有隐便，可一一奏闻。

对于这两处的和蛮，学术界几乎一致认定，它就是哈尼族在那个时代的称谓。《哈尼族简史》认为和蛮即哈尼族先民，“和蛮大首领王罗祁及和蛮大鬼主孟谷悞，史料均未指其部落所在地，现仅据其并提王伽冲、爨仁哲部所在地望，暂定其所在地为滇东南六诏山区文山、砚山一带”。尤中先生就认为，“南北朝以后至唐朝初年间，哈尼族已经从过去的叟、昆明、僰族中分化出来，居住在今红河、文山、楚雄州和思茅地区的半山区”，称为和蛮。他说，东部和蛮与乌蛮、白蛮、僚子杂居在今文山州、红河州一带。王文光先生亦认为，“和蛮是与乌蛮有近亲民族关系的民族群体，同样是从昆明族、僰族、叟族中分化出来的”，分东西两大片分布。东部是和蛮大鬼主孟谷悞，在今红河州、文山州；西部王罗祁与白蛮、乌蛮杂居在一起。

二、西部和蛮、河蛮与大理“和文化”

西部和蛮，也就是《新唐书》中的王罗祁部和蛮。按照《新唐书》的记载，王罗祁部就分布在洱海地区。

和蛮是对居住在山坡族群的统称，当时主要是指居住在洱海西到苍山坡地间的族群，属于西洱河蛮。哈尼族的自称和他称，诸如和人、哈人、倭人等，就是由和蛮逐渐演变而来的。

贞观二十二年（648年），唐太宗派兵降服西洱河蛮夷帅杨盛。随即，西洱河大首领杨同外、东洱河大首领杨敛、松外首领蒙羽皆主动归附唐朝，受封官秩。其他西洱河大首领杨栋附显、和蛮大首领王罗祁、郎昆梨盘四州大首领王伽冲也跟着

内附唐朝。

和蛮大首领王罗祁，于唐高宗显庆元年（656年）赴长安朝贡。这是第一个有记录的去京城朝贡的哈尼族人，当然也是中国正史中记录的第一个哈尼族人。

居山地的和蛮，与居海边的河蛮，分地而居，因同处西洱河地区而统称为西洱河蛮，简称河蛮。他们和睦相处，共创了大理“和文化”的辉煌。这一时期出现的大和城、大厘城、阳苴咩城、石和城等，是“和文化”的典型代表。《蛮书》记载：“大和城、大厘城、阳苴咩城，本皆河蛮所居之地也。”

大和城是这个时期洱海地区最重要的城市。其城恰在山坡之上，故其“和”之得名，应与和蛮关系密切。

和蛮、大和城、石和城之“和”，其音均来自夷语，但使用汉字“和”记音后，让人联想到和气、和谐、和平、和顺、和睦、祥和等褒义，使其“山陂陀”的本义被取代。

在这个地区，和蛮、河蛮乃至松外蛮、昆明蛮，有数十数百部。他们从事农业、手工业、畜牧业，有城池，有村落，“村邑连甍，沟塍弥望”，却互不统属，有首领无君长。

三、东部和蛮

东部和蛮，就是张九龄《敕安南首领爨仁哲书》中提及的“和蛮大鬼主孟谷悮”。可以确定的是，孟谷悮部当与敕书中所列的其他部族邻近，且与其他部族存在“经营损害”“兵戈相防”的情况。

敕书中的地名，有安南归州、潘州、姚州、昆州、黎州、戎州、南宁州、威州、升麻县等，这些州县大多数在今云南省东部，据此可以判断此中提到的和蛮是分布于这些区域的民族。大鬼主、都大鬼主是当地少数民族对其首领的称谓。也就是说，他们还没有得到朝廷的赐官。这说明，唐朝政府在西南边疆少数民族地区实行羁縻政策，有的地方已经建立起羁縻府州，未建立羁縻府州的地方也在着力推进。孟谷悮也只是这些地区和蛮中与唐朝廷有联系并引起注意的一个

大鬼主。孟谷悮的东部和蛮，可能分布在今文山州、红河州。他率部归附唐朝，使这些地方成为羁縻州。

哈尼族的鬼主制度及其认祖观念

一、和蛮的鬼主制度及阶级分化

与和蛮的记录相比，唐宋文献中对于鬼主的记录要多得多。有统计称，唐宋见于记录的鬼主有92人。只是在这么多的鬼主中，明确为和蛮的，只有一个孟谷悮。

简单地说，鬼主大致等同于部落酋长、部落首领。

《新唐书·南蛮传》记载，当时乌蛮有7个部落，“大部落有大鬼主，百家则置小鬼主”，“夷人尚鬼，谓主祭者为鬼主，每岁户出一牛或一羊，就其家祭之。送鬼迎鬼必有兵，因以复仇云”。据此可知，鬼主也就是主持祭祀的人。每当某部落要建立新寨，或要与其他族群发生争斗，还有过重大的节日，都要请鬼神相助，就需要举行隆重的祭祀仪式。《哈尼族简史》认为，鬼主制度“是一种部落首领和原始宗教祭师二位一体的氏族部落制”。

鬼主制度是怎么形成的?

著名学者范建华对鬼主制度的研究颇有建树，在其专著《爨文化史》中他认为:“唐宋两代的鬼主仅属一种不规范的政治制度，与少数民族内部社会组织及少数民族上层人物在部落中的影响和名望有关，属于一种特殊的、民族的、局部的政治文化现象。”

这种政教一体的部落首领制度，说明在当时的哈尼族部落中社会分工尚不明显，但已经出现以夫妻及其子女为基本单位的家庭和私有财产，故有“每岁户出一牛或一羊”的要求。反映出部落集团生活的公共性并不复杂，还没有形成国家基本的税收制度。“每岁户出一牛或一羊”用于祭祀，某种程度上可以说是以宗教活动代替征收税赋，故只需政教合一的鬼主就可以运作。

史军超先生在《哈尼族文化大观》中论及鬼主

制度时，提出一种大胆的观点，即鬼主制度是取代“三种能人”三位一体的政治制度。所谓“三种能人”，是指最玛、莫批、腊技，即头人、祭司、工匠。在哈尼族的传说中，“三种能人”的形成及各自的职能，占有重要地位。在《聪坡坡》第三章中，哈尼族先民在惹罗普楚形成了“三种能人”，“寨里出了头人、贝玛和工匠，能人们把大事小事分掌”。史军超先生认为，“三种能人”制度是“哈尼族历史上的第一种政治组织，是由政治领袖、宗教首脑和技术工匠构成的三位一体的政治制度；该政治制度大约肇兴于公元前3世纪，至隋朝末期走向衰落”，被鬼主制度取代。他提出鬼主制度的形成，与哈尼族生存面临巨大威胁，“急切呼唤哈尼族中具有非凡胆识的人物登上历史舞台，肩负起政治上凝聚全民族、军事上抵御外侮守卫家园和开辟新的生存空间的历史重任”有关。

鬼主制度，是历史文献中所见的哈尼族的第一种政治制度。与这种制度几乎同时出现在文献记录中的，是父子连名制。

二、父子连名制及其形成

对于父子连名制的形成，存在一个误区，即追溯到多少代，则父子连名制就已形成多少代。

元阳县攀枝花乡洞铺村著名歌手朱小和提供的家谱，总计85代以上。在这份家谱中，第1—31代是母系连名（母女连名），第32—41代是“男人女人的名同有的”双系连名，第42代以后才是父系连名（父子连名）。李元庆先生提出：“系谱与神话、传说、故事的关系，也是非常明显的。特别是被各地普遍承认为哈尼族作为‘人’的共同始祖‘搓莫迂’之前的25代，其神话、传说、故事的色彩极浓。各地大都认为在此以前的各代是‘鬼、物、人’三者不分的原因，也就在于此。其实，在此以后的若干代，仍不乏神话、传说和故事人物的色彩。”

这样的情况在西双版纳州的哈尼族谱系中也存在。研究者杨忠明就发现，谱系中有“史前谱系”，且具有随意性的特点，“将这一谱系前后连贯起来理解，其大意是在宇宙的中心，由于旋转

膨胀，出现了天，出现了地，天地之间出现了人，人开始了生活。这与哈尼族独特的天地人神四位一体的哲学思想，即人神都是天地之子、自然之子，……这种哲学和神学观念与谱系综合导致了谱系的随意性，与始祖送米窝后的谱系的严谨性、不可变异性形成鲜明对比”。

杨六金先生研究了国内外哈尼族的父子连名谱系，在其专著《古代血缘的标志》一书中，他慎重地提出：哈尼族始祖送咪窝（近音有苏米乌、孙米窝等）以前的谱系是神谱，即人鬼共居时代的谱系；从送咪窝到聪莫威（近音有初末吁、聪莫依等）共12代单传，他怀疑是部落酋长的连名谱系，还不是父子连名谱系。他说：“当时，部落酋长家族才能实行父子连名谱系，而百姓家族不许实行父子连名谱系。所以‘送咪窝’到‘聪莫威’是哈尼/阿卡的部落酋长。”

综合各方面的情况，大致可以判断：哈尼族的父子连名制，应该是在南诏时期开始萌芽，到大理国时期才形成的。如果按照通常的25年一代人计算，相当于40代左右。此前的各代，至少50代以前的各代，是父子连名制形成后追溯出来的。因此，像朱小和这样能够记诵的人，其谱系的代数远远超过其他家族。

父子连名谱系的产生，标志着哈尼族由母系氏族社会向父系氏族社会过渡。在各地哈尼族的传说中他们的男性始祖都是聪莫烟。现举两例如下：

金平县金河镇哈尼田村委会大保寨村李滔家族谱牒：

俄玛—俄窝—窝交—交舍—舍尼—尼本阿皮苏咪衣—衣屯里—屯里早—早迷咽—迷咽抢—抢敌席—敌席里—里宝白—宝白乌—乌合然—合然聪—聪莫威—莫威最—最学哦—哦里飘—飘玛登—玛登达—达堵苏—苏末作—末作娘—娘期—期朔—朔李—李窝—窝腰—腰哧—哧们—们召—召尖—尖侯—么所—所彩—彩举—举胡—胡则—龙则—则窝—窝们—们取—取欧—欧走—走嚷—

嚷者—者贵—贵舍—舍锐—锐龙—龙席—席朵—朵婆—婆簸—簸滔—滔取—取侯

注：该谱系共有59代。摘自《哈尼族口传文化译注全集》第10卷《红河州哈尼族谱牒（一）》（云南民族出版社2010年版，第1页）。

元阳县上新城乡同春山村委会哈卡村普行则家族谱牒：

俄玛—俄翁—翁佳—佳省—省能—能乌—乌屯里—屯里枣—枣明烟—明烟抢—抢迪习—迪习里—里宝白—宝白乌—乌合然—合然聪—聪莫威—莫威最—最雄俄—俄里飘—飘猫东—猫东达—达朵苏—苏莫佐—莫佐娘—娘雌—雌索—索里—里窝—窝巍—巍猫—猫塔—塔韦—韦增—增簸—簸策—策飘—飘吉—吉然—然璋—璋董—董碧—碧苗—苗表—表芝—芝矮—矮坡—坡萨—萨里—里苗—苗轨—轨则—则翁—翁热—热董—董侯—侯苗—苗嘎

注：该谱系共有58代。摘自《哈尼族口传文化译注全集》第12卷《红河州哈尼族谱牒（三）》（云南民族出版社2010年版，第1页）。

上述谱系是由当地莫批口述哈尼语，再用汉字记录下读音，与汉字的字义无关。

父子连名制的命名方式为：父名在前，子名在后，父名的最后一个或两个音节用作子名的首音节。哈尼族的父子连名谱系不仅反映了哈尼族父系社会的宗族关系，还揭示了母系社会过渡到父系社会的发展时期。连名制的音节构成，前期为二音节，中期为三音节，后期又是二音节，如俄玛—俄窝—窝交—交舍（前期）……乌退里—退里早—早明烟—明烟强（中期）……相则—则热—热省—省山（后期）……。在哈尼族的连名谱系中不存在母女连名，但有父女连名的，以确认其女儿的血缘关系。但是，女儿出嫁后，在夫家谱系中，除特殊情况外，没有连名的资格。

三、哈尼族的祖先送咪窝和聪莫烟

在哈尼族的父子连名谱系中，有两个名字显

得非常重要，就是送咪窝和聪莫烟。他们被哈尼族认为是一脉相传的祖先。

送咪窝是哈尼族连名谱系中的第一代人祖，被称为阿培。在哈尼语中，阿培义为先祖、长者、阿公，也有鬼主的意思。各地的哈尼族在唱父子连名谱系时，都以自豪和崇敬的语气来歌颂自己的先祖送咪窝。各地哈尼族的莫批，相当于祭司或巫师，一般都对念诵送咪窝以前的谱系有忌讳。他们认为，送咪窝以前的谱系是人鬼不分的谱系，只能在老人葬礼时念诵。如果不在特定的时间或者庄重肃穆的场所随意念诵这些谱系，会遭遇不吉利的事。

送咪窝单传12代（间有13代的），就到了哈尼族的共祖聪莫烟。《哈尼族简史》认为：聪莫烟被认为是彝族祖先仲牟由的变音，或者说仲牟由是聪莫烟的别译。“仲牟由是7世纪即唐代早期时人，他是父权制建立后和蛮部落的一个首领，被当作哈尼族的共祖”，“根据哈尼族传说的父子连名系谱及有关文献记载，大多数哈尼族是唐代乌蛮仲牟由及其部落群众的遗裔。仲牟由的众多遗裔中，有绛、阔、勜畔、乌蒙、芒布等5个部落”。

先说与和蛮孟谷悮、王罗祁部的关系。前已述及，这两部唐朝时期的和蛮，大致可以确定分布于滇东南和滇西，这是《哈尼族简史》中亦肯定的。此处又说哈尼族的始祖仲牟由为“7世纪即唐代早期时人”，张九龄《赖安南首领爨仁哲书》中提到的东部和蛮大鬼主孟谷悮可以确定生活在开元年间（713—741年），比仲牟由晚了百年；但西部和蛮首领王罗祁，却是唐太宗及唐高宗时期的人，可以说与仲牟由同时代。仲牟由怎么可能成为王罗祁部的始祖呢？而且，仲牟由的众多遗裔中，有绛、阔、勜畔、乌蒙、芒布等5个部落，分布在今川滇黔相邻的金沙江和乌蒙山区，这些地方并非哈尼族向南迁徙的主要通道。如果能证明绛、阔、勜畔、乌蒙、芒布等5个部落是和蛮或和泥，哈尼族始祖聪莫烟与彝族祖先仲牟由是同一人的观点才能成立。如是，则当时的哈尼族除分布在滇东南、滇西之外，还有滇东北的一部。《哈尼族简史》提供的主要证据，是《明太祖洪武实录》第143卷“洪武

十五年三月己未”条记载的“蛮部六：伴溪、七溪、乌撒、阿头、易溪、易娘，属和泥芒布府”。据此认为明初在滇东北设立了和泥芒布府，并上推到唐朝。

据古永继先生考证，明初在云南设置的52府中，有在滇南今元江县的和泥府，也有在滇东北今镇雄县一带的芒布府，“明代黔西北、滇东北并无和泥芒布府”。“和泥芒布府”是对“和泥、芒布府”的误读，滇东北只存在“和泥二十四寨”。

《哈尼族简史》认为聪莫烟与仲牟由为同一人的另一个依据是根据《元史·地理志四·阔州》记载，阔部是仲由蒙（仲牟由）之裔乌蒙所居，元代至元时归附元朝的僰罗，是仲牟由的三十七世孙。如果每代以25年计，则仲牟由为东晋早期即4世纪时人。此与《大明一统志》所说的“唐时乌蛮仲牟由”不符。由此可推测《元史》所载“三十七世”或应是“二十七世”之误；若为“二十七世”，则仲牟由为7世纪时人，与“唐时乌蛮仲牟由”就吻合了。据哈尼族系谱可推出，聪莫烟也约当7世纪时人，与仲牟由的时期相吻合。

这样的依据，给人以勉强之感。僰罗是仲牟由三十七世孙的说法，按照父子连名制形成后存在追溯的情况，不能完全信以为真。至于将“三十七世孙”修改为“二十七世孙”，也没有必要。因为仲牟由很可能只是传说中的人物。我们可以把他看作是彝族乃至彝语支民族的祖先。哈尼族称之为聪莫烟，或其他变音，并不影响其祖先的地位。

聪莫烟被奉为哈尼族的共祖，他应该是对哈尼族父子连名制有重要贡献的人物，甚至是父子连名制的奠定者。他对于团结哈尼族各部并将其结成一个强大的民族，具有重要的作用。

南诏、大理国统治下的哈尼族

一、南诏统治下的哈尼族

哈尼族在初唐所领有的品、从、严、奏龙等4个羁縻州，主要就在今红河州境内。在今文山州的六诏山区（砚山县、丘北县），也有相当数量的哈尼族。他们原在东爨范围内，属乌蛮。东爨为南诏

所据后，南诏对于散居山区的乌蛮，不能迁徙控制，只能羁縻。只是原在洱海地区的西部和蛮，在被逐出洱海地区后，分散迁徙，有的直接迁入无量山区，有的则辗转迁往昆明，再南下到哀牢山区。

南诏在其统治中心的洱海地区设10睑或赕，另设弄栋（驻今姚安县）、剑川（驻今剑川县）、永昌（驻今保山市）、银生（驻今景东县）、拓东（驻今昆明市）等节度使，还有负责北部军事的会川（驻今会理市）和负责南部军事的通海（驻今通海县）2个都督。

东西和蛮，主要在通海都督和银生节度使管辖的范围之内。

通海都督辖境为南诏重要的出海通道，可称通海路。此路的东西两侧，多为僚子（今壮族）与和蛮所据。这是东部和蛮的区域。

银生节度使的治所在银生城（今景东县），为南诏南部边镇。在该区域内，因居民中和泥占多数，故其地"总名和泥"。

南诏建构起的军政地方政权，并不表示它对

和蛮等少数民族各部有更强的统治权。大致可以推断，南诏也只是沿袭唐朝廷的羁縻州县制度。

二、大理国统治时的哈尼族

南诏后期国政动乱，原来遥为羁縻的节度使和都督，已经不能控制各县（部）而形同虚设。于是在节度使和都督之外，原来的东爨出现了37个部族，各占一方，史称“东方三十七部蛮”。

据《哈尼族简史》的考证，在“东方三十七部蛮”中，有哀牢山区的4部（因远部、思陀部、溪处部、落恐部）和六诏山区的教化3部（维摩部、强现部、王弄部），共7部。在这7部中哈尼族（和泥）均占据主导地位。“因远部最大，包括今元江、墨江、普洱、镇沅、景谷东部及新平西部；思陀、落恐二部在红河县；溪处部在元阳北部；维摩部在泸西南部和丘北县；强现部包括文山、砚山、马关、西畴四县；王弄部为今屏边县。前四部在哀牢山，后三部在六诏山。”他们因出兵帮助段思平灭大义宁政权，获得了大理国免除徭役的回报。

此后，“东方三十七部蛮”成为大理国一个比

较特殊的行政区域，即在其8府4郡4镇之下，各有其独立性，并多次发生反叛大理国的事件。

六诏山区东与宋朝广西路邕州特磨道（今文山州广南县、富宁县）比邻，互通贸易。维摩、强现、王弄等部和泥，与今广西甚至越南均有联系。其中，强现部在龙海基为首领时，成为六诏山区的大领主，折服各部。当时，广西壮族首领侬智高起兵反宋，为宋将狄青所败。据说，狄青部将曾率军追击败逃的侬部，龙海基为其向导有功，受宋朝廷表彰，领六诏山区。他也许趁机借宋朝军威，折服维摩、王弄部，以及舍资（今麻栗坡县、马关县）、牛羊（今西畴县新老街一带）、新现（今屏边县新现镇）、布旧等一些小部落，使其领地以六诏山为中心，包括今丘北县、泸西县南部（均在山北为维摩部）、文山市、砚山县、西畴县（均为强现部）、马关县、麻栗坡县（均为舍资部）、屏边县（王弄部）等广大地区。

清朝乾隆《开化府志》等方志记录龙海基本吴人，流落六诏山区。《哈尼族简史》则认为，龙海基本土著和泥，其“先世在五代时，当已是强现三部

（明代教化三部前身）首领”。即便龙海基确实是吴人而后流入六诏山区的，他也应当知道，要在当地立足，必须入乡随俗，即“从其俗以长之”。他采用了父子连名制就是典型的随俗做法，且这种习俗只可能是哈尼族的。因为在这些区域人数众多的僚子（壮族）中，并没有父子连名制。龙海基正是通过这样的做法，达到了“素为诸部所服”的目的。

在六诏山区与哀牢山区之间，还涌现出一个日趋强大的阿僰部，其地包括今通海、建水、石屏、开远等处。一般认为，僰夷是傣族，但以“阿僰”为名，笔者以为应该是哈尼族，至少也应该包括哈尼族在内。至今，哈尼族对尊贵长者还有“阿波”之称，与“阿僰”同音。随后，大理国废通海都督（或节度），设秀山郡（后又称通海郡）。景泰《云南志》说：“秀山郡，一名阿僰部。”秀山郡领阿僰部及思陀、落恐、溪处等部，与威远睒（今景谷县）辖境相接。《元史·地理志》“临安路”载：“通海郡，段氏改为秀山郡，阿僰部蛮居之”，蒙自“南诏时以赵氏镇守，至段氏阿僰蛮居之”，石

坪州（今石屏县）“阿僰蛮据之，得石坪，聚为居邑，名曰石坪”。阿僰是哈尼族的又一证据为《元史·地理志》关于元江路的记载：“阿僰诸部蛮自昔据之。宪宗四年内附，七年复叛，率诸部筑城以拒命。”此应该就是《元史·赛典赤·瞻思丁传》中所说的“萝盘甸叛”，即罗槃国的反叛。有关元江的一系列方志史料中均指出，元江旧名惠笼甸，又名罗槃甸，和泥蛮据有其地，名因远部，“其地总名和泥”。元朝《混一方舆胜览·云南行中书省》记临安路的沿革：“蛮名泥郎，又名阿僰部。”顾祖禹《读史方舆纪要》亦说：“旧阿僰蛮居此。一名阿亦，又名尼部。蒙氏于此置通海郡，段氏时为秀山郡。”《元史·地理志》又说马笼部（今墨江县）“因马笼山立寨，在本路之北，所居蛮阿僰”。墨江也是哈尼族的主要聚居地。在大理国后期，阿僰部的势力范围，包括后来元朝临安路所辖的大部分地区。后蒙古大军征服云南各路，在今马关县老寨“立阿僰万户府”，任命龙海基的九世孙龙健能为土官。于此，可见阿僰与哈尼族之关联。

第四章　晚清民国时期的哈尼族

窝泥王高洛依、高老五的反清斗争

清朝乾隆后期和嘉庆年间，吏治腐败，官府和豪强巧取豪夺，土地兼并严重，社会矛盾日益尖锐。1796年至1804年，爆发了蔓延湖北、四川、陕西3省的白莲教大起义。清政府虽然镇压了起义，但元气大伤，耗费巨大，其盘剥亦更加严厉。

19世纪初，在宗哈（今元阳县境）白氏领主（哈尼族）统治下的新兴地主高洛依、朱申、高借沙（均为哈尼族），以及高洛依家的塾师章喜和马哈札，看到哀牢山东麓的广大农奴处在“该土司苛派扰累，致令饥寒”的悲惨境遇中，便商议凭着高洛依“素强悍，把持各夷寨”的威势，号召群众起来

反抗土司和支持土司领主的清王朝。

嘉庆二十二年(1817年)三月，高洛依率领当地人民起兵反抗官府和土司，自称窝泥王，封所聘请的汉族塾师章喜为军师、哈尼族朱申和马哈札为副军师、侄儿高借沙为大都督。义军从抛竹寨出发西进，连克数村寨，纳楼土司普承恩不敢迎其兵锋。高洛依随即又挥师东进，攻克犒吾卡土司司署所在地逢春岭，击杀哈尼族土司龙定国。高洛依的部众渐聚至16000余人，势力更盛，欲过元江窥伺内地，攻打临安。但因官兵严守江防，未能如愿。高洛依遂沿江北上，进攻溪处、瓦渣两土司领地。

面对日益壮大的高洛依义军，清政府即令军机大臣兼云贵总督伯麟调兵镇压。高洛依部腹背受敌，寡不敌众，高借沙、高洛依、朱申相继被俘杀，仅马哈札逃脱。

清军在擒杀高洛依后，继续大肆搜捕、屠杀高洛依余部。嘉庆二十三年(1818年)六月，高洛依的堂侄高老五再次揭竿而起，仍旧称窝泥王，与马哈札一同率众再度起义抗清。起义军迅疾攻克纳更和犒吾卡，由蛮密渡过元江，直趋距临安府仅40里之牛肝哨。伯麟调兵前往镇压，义军不敌败回红河南岸。江外各土司乘势纠合力量参与围堵义军。高老五和马哈札先后被擒杀。各土司剿抚并用，平息了高老五余部的叛乱，分别受到清廷嘉奖。思陀土司就因为此次“奋勇出力”，“给予军功五品”。

田四浪的反清斗争

田四浪是哈尼族的传奇人物，在各种传说中，他有多个名字和称谓。有说其本名田政，又叫田以政；有说其排行老四，叫田四，号四牌；有说他叫田平贵；有说其为田四滥；还有说他就是田四乱；等等。《哈尼族社会历史调查》中记载有从民间搜集到的传说：有的说田四浪是光棍无赖、杀人恶魔；有的说他是天神下凡，是除恶扶弱、劫富济贫的侠义英雄。大是大非，也许皆是田四浪的本色。

田四浪出生于道光初年，是哀牢山区凹壁村（今墨江县团田乡）人，属于哈尼族卡多支系。他幼年丧父，全靠母亲抚养长大。他身材魁梧，膂力过人，曾经到财主家当雇工，后从事贩盐，走南闯北，长了不少见识，结识了不少道上朋友。咸丰年间，太平天国运动席卷大半个中国，清政府加强了对各地的控制和催款，各级官吏更是层层加码地盘剥。在云南少数民族地区，征收亦加重。

咸丰三年（1853年），哀牢山区遭遇严重旱灾，多地庄稼绝收，而入秋时官府不但不赈灾，反而催缴如故。田四浪遂与哈尼族沙定军，彝族普顺义、何成等密谋起事，分头在新抚、恩乐、九甲、德安、通关、景星等地，组织起3000余人，齐聚凹壁村起事。田四浪率众迅疾攻占了新抚巡检司署、恩乐厅署等地。咸丰六年（1856年）初，田四浪　度北进到者干（今景东县大街镇），后退守四迭岩（四迭崖）。四迭岩属于威远厅，地处元江县、他郎（墨江县）、缅宁（临沧市）之间，南面是把边江，东西两面是深沟大箐，仅北面有一条山梁可通。田四浪据此险峻地势，建立起牢固的营地，清军多次围攻均难以攻克，以至出现了这样的歌谣："凹壁有个四迭岩，里面住着田四牌，怕是不怕你，出是出不来。"

1856年，彝族贫苦农民李文学，在据说曾经参加过太平军的王泰阶（四川汉族）、李东学（四川凉山彝族）的策动下，聚众5000多人起事。这次起义以打倒庄主、反抗清廷、支援太平天国为主旨。9月，大理爆发了声势更大的杜文秀起义。次年，滇东南建水等地的回族数万人，在马如龙、马德新等人率领下，北上围困昆明数月之久。在清政府难以兼顾之际，1858年春，李文学南下攻占者干，随即派王泰阶等人去拜会田四浪，希望联合。田四浪欣然接受。农历六月二十四日，是彝族的火把节。当天，田四浪偕普顺义、何成等人到者干，与李文学等人会盟于土主庙，发誓共率夷人"除满贼，为夷家除害"。关于这一段结盟的佳话，后来从事社会历史调查的学者还从当地

巫师唱的《大元帅说白》里听到这样的唱词："者干河边撒火把，土主庙，开门迎，田副帅，普都督，何将军，我们一条心。"田副帅，说的就是田四浪被推举为"夷家兵马副元帅"。李文学与田四浪联合起来，声威大震，与大理的杜文秀遥相呼应。

咸丰九年（1859年），田四浪军相继攻占嘎洒、惠笼甸、因远等地，争取了嘎洒傣族首领刀成义，因远清军守将、白族人杨承熹等部归附。咸丰十年（1860年），又争取了他郎厅碧溪守将、哈尼族人王崇周部归降，顺利攻占他郎厅城（墨江县城）。到同治二年（1863年）三月，田四浪部攻占军事要地通关哨，打开了南进普洱的大门。至此，李文学、田四浪部控制的范围已包括今南涧县、弥渡县、楚雄市、双柏县、景东县、镇沅县、墨江县、新平县、元江县的全部或局部地区，与杜文秀政权控制地区毗邻。

同治二年（1864年），太平天国都城天京（今南京）被清军攻克，全国各地各民族的反清形势逆转。在云南，清政府亦剿抚并用，分化瓦解各路义军。从同治五年（1866年）开始，清军与田四浪部反复争夺通关哨。同治九年（1870年），在通关哨争夺战中，田四浪部损失惨重，王泰阶、普顺义战死，田四浪退守过得岩（又称过夺岩、戈德岩）。过得岩是田四浪苦心经营的一处营地，地势比四迭岩还险峻，岩上有可容数百人的大山洞，只有一条极窄的小路可登。但在清军长期包围下，田四浪部弹尽粮绝。田四浪尝试从岩后绝壁垂绳而下，不幸跌落，伤重被俘，次年与其二子一同被处死。

卢梅贝反抗土司和官府的斗争

卢梅贝（1900—1976年），是哈尼族的女英雄，元阳县猛弄地区多沙寨人，后改名为陈梅宝。卢梅贝出身贫寒，十二三岁就跟随父亲上山打猎，学会了舞枪弄棍，与男孩子几无差异。天长日久，村里人由最初的开玩笑叫她然永（哈尼语，义为小男孩、小伙子）到不叫她然迷（哈尼语，义为小女孩、小姑娘），足见她具有像小伙子一样的阳刚的

性格和健壮的体魄。

护国运动后，云南督军唐继尧加强了对江外土司的控制和盘剥，而土司习惯性地将之转移到其管辖的人民身上。江外的各族人民在官府和土司的双重压迫下，生活更加艰难。此时，在今金平县勐丁土司辖地，有一苗族猫公（巫师）熊公保，宣称自己能够未卜先知。他一方面教人们跳猫公舞，以这种方式将人们组织起来；另一方面散布谣言说，芭蕉河上寨的一个腹部胀大多日的寡妇马勃迈，怀上了“人王”，要3年才能降生，要大家保护好她。周围的苗族、哈尼族、彝族等群众口耳相传，越来越相信此事，纷纷跳着猫公舞到芭蕉河朝拜马勃迈。卢梅贝闻讯，也邀约一些村民先后3次到芭蕉河朝拜马勃迈，寻找摆脱苦难的方法。马勃迈倡导“天下夷人是一家”，自称苗王，团结各族群众准备起事。她非常赏识卢梅贝的胆识，封卢梅贝为夷人联军统帅，封另一个哈尼族女英雄惹嘎玛为军师。

1917年11月，马勃迈正式起兵，攻占勐丁土司改土归流后设置在营盘街的行政委员会衙门。卢梅贝亦率联军攻打猛弄土司衙门，并提出了“抗捐、抗粮”“杀尽土司、救出万民”等口号。由于猛弄土司衙门地势险要、易守难攻，一时间难以攻克，卢梅贝遂转进大伍寨，并乘胜攻占多依树、水卜龙、牛角寨、嘎娘、纸厂等地。江外各地土司、官吏，吓得纷纷渡江逃往临安、个旧、蒙自等地躲避。

1918年10月，卢梅贝集中上万人再次攻打猛弄土司，未克。12月，又攻新街(今元阳县新街镇)，亦未克。卢梅贝的两次进攻，遭遇的是训练有素的官军。义军人数虽多，却只有火药枪、梭镖、砍刀、锄头之类的武器，故伤亡惨重而不能攻克敌人重镇。

1919年1月，马勃迈挥军攻打王布田(今金平县城)，不克而退守勐丁。4月，马勃迈因肚子肿大而死，恰巧当天有暴风雨夹冰雹，倒了不少树木，义军人心不稳。官兵趁机攻下勐丁。几乎与此同时，官兵亦攻下了卢梅贝的根据地牛角寨。

卢梅贝最后突出重围，改名换姓，躲进深山老林隐蔽下来。中华人民共和国成立后，她的身份得到确认，事迹得到肯定。她在1958年当选元阳县政协委员，后又当选红河州政协委员。1961年，她到北京参加国庆典礼，受到毛泽东等党和国家领导人的接见。

卢梅贝的传奇经历在江外被广为传颂，哈尼族人民尊称她为“多沙阿波”。阿波相当于阿公、阿爷，是对德高望重的祖辈的称呼。

颇具争议的龙济光兄弟

一、龙济光兄弟的崛起

龙济光（1876—1925），是当时蒙自县属的哈尼族犒吾卡（今元阳县逢春岭）土司龙汝霖的第三子。其兄龙觐光，非嫡妻所生，故犒吾卡土司职位由嫡长子即次兄龙裕光继承。光绪初年，原纳更土司管辖的土民因不满土司佥魁的暴戾，起而将之驱逐，推龙觐光来代理。龙觐光经营有方，颇著政声。三兄弟中只有厌文习武的龙济光未能掌理政事，遂心存夺取非同母长兄龙觐光土司之念，得到同母兄龙裕光的支持。龙觐光识破两兄弟的阴谋，不愿同室操戈，乃主动让出纳更土司职位给龙济光，自己外出参加科考求取功名，后得以署理会理州知州。后龙觐光因母亲去世回籍丁忧，“力劝两弟放弃土职，一同外出施展抱负。两兄弟为兄长宽容大义所感，欣然从命”。

实际上，在此之前，担任犒吾卡土司的龙裕光，已经作为清政府的委办边务委员之一，参与中越边境的勘界事宜，给清廷官员留下了良好印象。可以说，清廷已将其视为镇守滇边的干臣。于是，龙裕光留守管理犒吾卡和纳更土司事务，而龙济光则捐得贵州试用知县、贵州补用直隶州知州的虚职。

1900年，龙济光率犒吾卡、纳更土兵300人投军。当时，正是西南各省的民变风起云涌的时期。

在滇桂边界，清政府看到了没有会党、游勇背景的云南少数民族将领白金柱和龙济光，让他们统兵前往镇压会党。白金柱和龙济光迅速成为

清政府手中的“利器”。1903年初，他们终于将滇桂边界的会党基本肃清。6月，白金柱、龙济光率部进入广西西林、百色、南宁等地镇压会党，后滇军统一由龙济光指挥，扫荡泗城等府的会党。龙济光深得新任两广总督岑春煊的赏识，地位不断提升，授左江道。他所统领主要由哈尼族、彝族土勇组成的“济”字各营，也成为著名的济军，声势超越陆荣廷所带广西本土的“荣”字各营。

1907年12月1日，在孙中山等同盟会领导人策划下，由黄明堂率军发动镇南关起义，轻易占领了镇南关3座炮台。龙济光奉令前往镇压，经几天激战即收复镇南关。龙济光成为清政府在桂滇两省边防倚重的战将，被提升为广西提督，并赏头品顶戴。

1908年4月29日夜，同盟会员关仁甫、黄明堂、王和顺发动起义，袭占云南河口等地。龙氏三兄弟成为清政府特别倚重的力量。云贵总督锡良请清廷令广西提督龙济光进剿，广西巡抚张鸣岐即上奏称广西不能没有龙济光。龙济光只能抽调4个营交兄长龙觐光统带，向河口进发。龙裕光所率的犒吾卡土勇，则成为清军3路大军中的西路先锋，并在5月中旬打败关仁甫后，承担肃清江外3猛的任务。在镇压了河口起义后，锡良特上奏保举龙裕光为分省知府，负责江外的边防重任。

1910年4月27日，革命党人在广州发动黄花岗起义，旋即失败。已升任两广总督的张鸣岐，立即奏准调龙济光为广东陆军提督，率军入广州。1911年6月29日，龙济光出任广东新军第二十五镇统制，赏陆军副都统衔。

值得注意的是，龙济光从云南到广西再到广东，其军队的核心仍旧是江外各土司辖区的土兵，以及委托临安、蒙自富豪募集的本土士兵。龙氏三兄弟出任清政府流官，犒吾卡土司和纳更土司职位则由龙裕光的长子龙毓乾袭任。

二、辛亥革命时期的龙济光

1911年10月10日，辛亥革命爆发。面对各省相继响应的大势，龙济光采取观望态度。据说，龙济光暗中向刚复出任清政府总理大臣的袁世凯

请示机宜，袁令其退处惠州，静观变化。但有两地的革命起义却直接与他有关。一地是云南临安（建水），一地是上海。

临安起义是在10月30日（农历九月初九日）昆明重九起义之后，云南发生的又一次重要起义，起义的主要领导人临安绅商朱朝瑛和清政府派驻临安的新军标统赵复祥。朱朝瑛与龙济光关系密切，他率领参加起义的400多名青年，正是受龙济光所托代招的新兵。他们于11月1日晚发动起义，占领临安，成立南防军政府。不管朱朝瑛起义是否得到龙济光的授意，实际上都与他有关，何况在此后，朱朝瑛仍旧是他依赖的人。

上海的起义发生在11月3日，革命党人陈其美是主要领导人。意外的是，龙济光派去保护老上级岑春煊的黎天才及其4个营的人马（1000人）也参加了起义，成为攻打江南制造总局的一支生力军。

10月29日，广东绅商宣布广东独立，但张鸣岐反对，水师提督李准支持。11月9日，张鸣岐出走香港，龙济光遂宣布支持独立。此时，因曾经积极镇压革命党人的历次起义，龙济光地位很尴尬。他拒绝广东咨议局推举的副都督之职位而退居幕后，听任革命党人胡汉民任都督和陈炯明为副都督的安排，自己则牢牢控制着济军。袁世凯“认为龙济光骁勇善战，可以利用，就派人收买龙济光，予以补充大量饷械，调至广西梧州驻扎，所需军费由北京汇至香港，供龙军使用”。广东都督胡汉民为防止济军生事，将龙济光调任高廉雷琼宣抚使，移驻钦廉。1912年4月27日，胡汉民复任广东都督，陈炯明任总绥靖处经略，任命龙济光为副经略。龙济光趁机将济军扩编为2师1旅。10月8日，北京政府授予龙济光陆军中将加陆军上将衔。12月3日，袁世凯委任龙济光为广东护军副使（护军使陈炯明），调驻梧州。

1913年7月，二次革命爆发，陈炯明宣布广东独立，龙济光即以“荡平粤乱，责不容辞”为标榜，并“电约滇、黔、桂三省都督，同心勠力，攻守同盟”，率军攻入广州驱逐革命势力。袁世凯立

即委任龙济光为广东都督。龙济光控制了广东，继续镇压革命党势力，并对袁世凯的中央政府表示忠心。1914年6月30日，袁世凯裁撤各省督军，龙济光被封为振武上将军，督理广东军务，成为7个上将军之一。从此，龙济光的济军也被称为振武军。袁世凯还任命龙觐光为巡按使、龙裕光为镇守使。龙氏三兄弟皆被授予上将军衔，权威之盛，为西南群督冠。龙济光兄弟控制广东，与控制广西的陆荣廷有战友加亲家关系（龙觐光的儿子娶了陆荣廷的女儿）。

三、拥戴袁世凯称帝的龙济光

袁世凯违背自己誓言和民意的帝制自为，引发了新一轮的社会动荡。1915年12月25日，唐继尧、蔡锷、李烈钧首先在云南举起护国大旗，宣布独立，组织护国军政府，开始了轰轰烈烈的护国运动。

对于护国运动，袁世凯最初并不太在意，他认为全国那么多省，只有云南一省反对，能成什么气候？他说，云南“兵仅万余”，“饷难月给”，不难一鼓荡平。他的计划是由虎威将军曹锟指挥大军分两路由湖南、四川进攻云南，另以龙济光军从广西入蒙自道，切断护国军依托滇越铁路运输的便利，使其从国外购置军火和获得物资援助的途径断绝，并在战略上形成迂回包抄昆明的态势，欲置护国军于死地。袁世凯知道龙济光兄弟在蒙自道影响很大，与革命党敌对亦很深，故视龙氏兄弟为“南疆柱石”。

1915年12月，袁世凯为称帝而笼络各实力人物，特颁授公、侯、伯、子、男等爵位给130人。爵位最高为一等公，有6人，以龙济光领衔。龙济光跃居北洋诸将之上。另授龙觐光一等男爵位。

1916年1月28日，袁世凯又加封龙济光为郡王。这是袁世凯在元旦策令孔令贻仍袭封衍圣公加郡王衔后，又一次加封郡王。孔令贻为孔子第75代嫡孙，光绪时已袭衍圣公。袁世凯复辟帝制，大力提倡尊孔之风，故加孔令贻为郡王。他封龙济光为郡王，除了树立武将忠勇的榜样，还表达出对龙济光所寄托的厚望。

此时，龙氏兄弟感袁世凯知遇之恩，自是倾心辅助。何况他们还想趁乱夺取云南的控制权。他们认为，要取滇南，一是假道广西，二是直接在滇南策动内应。

龙济光遂自己留守广东，把假道广西进取云南的任务交给其兄龙觐光及其所带的广东陆军第一师。龙觐光与广西督军陆荣廷是儿女亲家，龙觐光率军假道广西，对陆荣廷也有巨大的压力，正可促其出兵。1月30日，龙觐光抵达南宁，其军队亦陆续由粤入桂，向滇桂边境推进。2月8日，袁世凯正式任命龙觐光为云南查办使，加临武将军衔，同时任命龙裕光为广惠镇守使。3月12日，又任命龙济光督理云南军务兼巡按使。

为在滇南策动内应，龙济光派遣不少人潜回蒙自道，其中最主要的就是他的第六子龙体乾。龙体乾担负着策动江外各土司的使命，并另派人潜往个旧、建水、弥勒等地活动，组织所谓的定滇军策应。

龙体乾在与袭犒吾卡土司职的龙裕光的儿子

龙毓乾会合后，准备一举攻下建水、个旧、蒙自。他们一是策动各处土司出兵。二是争取蒙自、个旧、建水的富商、矿主支持。三是以高官厚禄收买各地军官和具有势力的土匪武装。

四、护国运动之滇东南保卫战

为稳操胜券，龙济光还密约蒙自道尹何国钧作为内应。因道尹不辖军，正好唐继尧编组护国军时，任命何国钧为第二路军参谋长兼第三梯团团长，何国钧未到任，唐继尧随即改任何国钧为义勇军司令，让其招募义勇军4000人。何国钧便以唐继尧的名义招募义勇军。个旧的马用卿也借着何国钧义勇军司令的名义公开招募组织武装力量，并秘密策动个旧驻防部队。随着龙氏兄弟进兵广西，龙体乾策动土司、马用卿反唐拥袁的姿态，也就日渐明朗。个旧知县张维翰乃向唐继尧告急。唐继尧派唐荣昌率警卫二团第八连入驻个旧镇压。

同时，护国军第二路军在李烈钧的率领下，于2月下旬，赶往广西拦截龙军。

在此期间，龙氏兄弟麾下的黄恩锡部3000余人顺利进入丘北，偷袭弥勒之江边、竹园、十八寨（虹溪镇）等地。一时间人心惶惶。3月7日，龙体乾与马用卿等武装力量在个旧发动攻击。次日，夺取个旧。3月9日，龙体乾下令切断蒙自、建水至昆明的电线，开始围攻蒙自、建水。驻防建水的护国军感到了巨大的压力而频频告急请援，“逆匪各面增加，深陷重围，击不胜击，旦夕垂危，恳转军府万急飞救……现在城中人心惊慌失措，粮食不能久支，若援兵元日（即13日——笔者注）不到，旅长力尽智穷，只有一死，以报民国。”不过，蒙自的情况要好得多。在蒙自，杨镇南等地主武装发动的攻击被击退。但个旧、建水、蒙自城外商民被龙军抢劫一空。

黄恩锡和龙体乾等的攻击，使滇南一时震动不已。

此时，李烈钧在舨朝的战斗已胜利在望。原来，奉命入贵州的护国军挺进军黄毓成部和第三军第一梯团赵钟奇部均奉令赴广西增援，在黄南田、龙潭等地击败朱朝瑛部，进抵百色附近，有力地声援了李烈钧部在畈朝的战斗。3月14日，陆荣廷下令包围亲家龙觐光在百色的本部。原来，龙觐光入桂，陆荣廷即“令马济率游击队六千往百色，阳假征滇之名，阴则相机与滇军合剿龙军”，而龙军以龙陆姻亲关系，又皆表示附袁，遂对陆荣廷之计谋，毫无觉察。龙军主力，已派往前方，对此突变，已无力应对。龙济光被迫向护国军缴械投降，接受编遣。

随后，护国军解建水之围，并于3月20日收复个旧。龙体乾败逃逢春岭。护国军乃乘胜追击，赵世铭、马为麟部由个旧经斗姆阁过红河，段廷佐部攻入官厅并向江外挺进，蒋光亮部从蒙自进抵蛮耗，对犒吾卡、纳更等江外土司形成包抄。在护国军3路进逼下，龙体乾、龙毓乾只有收拾细软，携带家眷，躲入原始森林。至此，滇东南保卫战取得胜利。

特别值得一提的是，滇东南保卫战的胜利，对袁世凯是个不小的打击。有论者认为，“3月

20日个旧光复，3月22日袁氏取消帝制，这绝非偶然”。

五、龙济光的失败

进取滇南的失败、龙觐光部的覆灭，对于龙济光是个沉重的打击，但他仍旧控制着广东。眼见袁世凯取消帝制，大势已去，4月6日，他以广东都督名义，与巡按使张鸣岐一起，宣布广东独立。但龙济光仍旧抗拒护国军，尤其是4月12日，龙济光警卫军统领颜启汉等人，公然袭击杀害以陆荣廷、梁启超代表身份先期抵达广州的汤觉顿等4人，造成海珠惨案，引起了广东各派尤其是护国军的极大义愤。不过，护国军高层为避免更大的战祸，在5月8日成立的护国军军务院中，仍旧推龙济光为抚军之一。

1916年6月6日，袁世凯在绝望中病死，黎元洪继任大总统。9日，龙济光宣布取消独立，表态拥护北京政府。21日，北京政府特任龙济光兼署广东巡按使，并优奖龙济光。7月，龙济光居然进攻欲北伐的滇军李烈钧部，且其在广东的施政也激起革命党人及广东民军的义愤。在桂军、滇军和广东民军组织讨龙军的压力下，9月10日，龙济光被迫交卸广东督军一职，10月6日，放弃广州，率部移驻海南岛。

在北洋军阀的斗争中，龙济光多次想卷土重来。在大总统黎元洪与国务总理段祺瑞的府院之争中，张勋率其辫子军入北京，于1917年7月1日拥逊帝溥仪复辟，龙济光亦被任命为广东水师提督。张勋复辟被段祺瑞平息后，接任大总统的冯国璋与国务总理段祺瑞又发生新的府院之争。11月8日，冯国璋受段祺瑞胁迫，调任陆荣廷为宁威上将军，令即来京，以龙济光代为两广巡阅使，令其出兵进攻护法军政府。12月10日，龙济光在琼州就任两广巡阅使职，兵分3路渡海。广东各军再次组织讨龙军，击败龙济光。1918年5月，龙济光率残部从海道逃往北京请援。段祺瑞等人划小站为其驻地，月支银圆30万，将其所部编为4个旅。1920年7月，段祺瑞的皖系被曹锟、吴佩孚的直系联合张作霖的奉系击败，

龙济光军被奉军缴械后遣散。

龙觐光、龙裕光、龙济光三兄弟先后皆病逝于北京。龙觐光死于1917年，龙裕光死于1930年，龙济光则死于1925年，时龙济光49岁。巧合的是，就在他病死的那一天，也就是3月12日，他的宿敌、年长他10岁的中国革命的伟大先驱孙中山先生，也在北京病逝。

六、龙氏兄弟的影响

在清末民国初年风起云涌、波谲云诡的政治斗争中，龙济光兄弟站到了可耻的反革命阵营中，这是由他们的阶级属性决定的。

不管怎么说，龙济光是那个时期最具影响力的哈尼族人。整个红河南岸（江外），大到土司，小至农民（农奴），无不受到龙济光的影响，荣损与俱。尤以护国运动，江外各土司几乎都卷入。事后，有的被革职查办、抄家下狱，有的逃亡他地。

跟随龙氏兄弟征战的当地的哈尼族等土勇，许多人战死他乡，尸骨无还。一些幸存下来的人，由于四处征战，走出了江外，走出了云南，也见识和学习到了一些先进的技术。如一名为李学（李国钧）的逢春岭青年，1901年就追随龙济光去征战两广。1916年，龙觐光部被陆荣廷缴械，李学辗转多年，于1922年回到家乡。他带回了水碾技术，在小新街建造和安装了江外土司地区第一座水力碾米坊，比传统的踩碓舂米，工效提高了数10倍。他还学会了锻铁制作各种农具乃至修理枪械等技术。

第五章　哈尼族地区的解放、土改与社会主义改造

近百年来，哈尼族人民此起彼伏的反帝、反封建的英勇斗争，由于历史和阶级的局限性，都归于失败。哈尼族人民的反抗斗争，在有了中国共产党的正确领导后，才逐步走向胜利。

哈尼族喜迎解放

在大革命时期，今红河哈尼族彝族自治州的开远、蒙自、个旧等市已经有了党的地下组织。1930年左右，哈尼族最聚居的墨江县是云南地下党活动的主要地区之一。地方党组织在知识青年和郊区农民中都开展了工作，引导要求进步的青

年组织读书会，阅读《新青年》等进步书籍，在农民中秘密地组织穷人相帮会，提出“打倒土豪劣绅，减租退押，平分土地”等革命口号。在地方武装中也争取了一部分人靠拢革命。虽然不断遭到国民党政府的镇压和破坏，但党领导下的地下斗争仍然坚持了下来，并积极为迎接新的革命高潮准备力量。

1945年8月，抗日战争取得了胜利。各族人民迫切渴求一个和平安定的环境，而国民党当局却在其统治区内镇压民主运动和迫害进步人士；同时，公然违背全国各族人民的意志，撕毁停战协定，向解放区发动全面进攻，并将云南作为大陆上最后的反共基地。党对于蒋介石集团的本质有充分的认识和估计，在蒋管区也普遍开展了地下武装斗争。云南省工委遵照中共中央南方局的指示，从城市中抽调大批经过斗争锻炼的干部进入农村以加强农村群众工作和组织地下武装。1947年底，中共滇南临时工委在个旧秘密成立，根据工作部署派遣了几位党员到哈尼族聚居的红河南

岸地区开展工作。他们以教书为掩护，对贫苦学生进行阶级教育并利用课余时间深入群众家庭访问或参加劳动生产，借此机会向群众宣传革命，进而组织弟兄会，把有觉悟的哈尼族等各族农民组织起来。元阳在短短几个月内，参加弟兄会的就达300多人。为减少革命阻力，团结一切可以团结的人以壮大革命力量，各地在深入发动群众的同时，也在民族上层中开展统一战线工作，争取了一部分哈尼族等各民族的上层人物靠拢革命组织。

1948年，党利用元江地区地主恶霸各据一方的局面，在敌人统治薄弱的彭泽正式建立红河地区的游击武装。由于哈尼族等各族群众的积极参加和支持，这支初建时仅30余人、仅有12支独响枪的队伍，迅速地得到发展壮大。同时，元阳、红河一带也建立了以哈尼族为主的人民武装。游击武装的迅速发展，使国民党政府大为震惊。同年8月，国民党政府调集驻元江的中央军第26军378团“剿匪独立大队”“围剿”滇南游击武装。游击队在当地哈尼族、傣族等人民的帮助下，掌握了国民党军队的动向，在其必经之地猪街布置伏击，周围的数百名哈尼族等各族农民，自动扛枪持矛前来助战，使游击队声势大振，迫使落网敌人全部投降。这次伏击获得了歼俘敌130人，缴获迫击炮4门、机枪12挺以及大量枪支弹药的战绩，扩大了游击队在人民群众中的影响，吸引了更多的哈尼族青壮年参加游击队。人民游击武装又乘胜攻克羊街、浪堤，直捣元江城。然后兵分两路：一路北上峨山，一路东取石屏。云南省政府当局妄图在元江以西消灭游击队，下令严守渡口。游击队则以声东击西的战术，避开敌人的正面主力，西下墨江，配合当地哈尼族等各族人民武装数千人围攻并解放了县城。元阳、金平、红河一带的哈尼族农民，在游击队的帮助下，组织了五一团、护九团、红河护乡团等人民武装，配合游击队打击敌人。这支壮大起来的由多个民族组成的游击队，于1948年整编成为云南人民讨蒋自救军第二纵队，与滇东第一纵队配合夹攻国民党第26军及

云南保安武装。党领导下的革命斗争之火，在哈尼族地区已成燎原之势。

1949年10月1日，当毛泽东主席在北京天安门城楼上庄严宣告中华人民共和国中央人民政府成立的时候，云南各族人民还在国民党的统治之下，不甘心失败的蒋介石集团妄图将云南作为大陆上最后的反共基地。但客观形势并不以蒋介石的意志为转移，在中国人民解放军向大西南胜利挺进的形势下，在中国共产党的积极争取下，国民党云南省政府主席卢汉于1949年12月9日在昆明宣布起义，标志着云南和平解放。卢汉宣布起义，粉碎了蒋介石要将云南作为大陆上最后的反共基地的幻想，不甘心失败的蒋介石命令国民党军队进攻昆明，但由于起义部队的英勇抵抗、人民解放军的及时支援、边纵游击队的积极配合，经过7昼夜的英勇奋战，敌人向南撤退，昆明保卫战胜利结束。

国民党第8军、第26军残余部队进攻昆明失败后，向南逃窜至离边境线很近的蒙自、个旧等地区，企图与人民解放军对抗。为了全歼这股敌人，中央军委和第二野战军部署了滇南战役，在开远、蒙自、个旧、元江及马关、河口、金平等地的东西一线展开。人民解放军以伤亡700多人的代价，取得了累计歼敌3.1万多人的胜绩。除少数敌人逃往越南、缅甸外，云南境内的国民党正规部队全部被歼灭。

1950年后，哈尼族地区先后获得解放，人民政权逐步建立起来。1951年3月，党中央派来了中央民族访问团，向红河地区各族人民转达党中央、中央人民政府和毛主席对边疆各族人民的亲切慰问和关怀，宣传党的民族政策，并对各族群众进行民族团结、民族平等的教育。访问团先后与哈尼族等10余个少数民族的代表和10余万群众见面，并根据各民族的情况，做了政治、经济、文化等方面的调查，研究了民族关系。根据各族人民和上层人士的意愿，在访问团的帮助下，在蒙自专区和元阳县分别召开了各族各界人民代表会议，成立了蒙自专区民族民主联合政府及元阳县民族

民主联合政府，保障了少数民族在政权中应充分享有的平等权利。这些举措受到了各民族各阶层人士的热烈拥护，进一步团结了各族人民，改善了民族关系，加强了边疆对敌斗争的力量。1951年8月，中共蒙自地委和专区又派出专区民族访问团到红河、元阳、金平等县宣传党的民族政策，疏通民族关系，争取和团结爱国的民族上层人士，帮助各族人民恢复和发展生产，开展团结生产和对敌斗争，使边疆得到了稳定，为实现民族区域自治奠定了基础。

哈尼族地区的土地改革和社会主义改造

中华人民共和国成立以前，哈尼族地区的生产力十分低下，人民生活极其困苦。为了正确地解决民族问题，逐步消除事实上的不平等，使各族人民逐步走上富裕的道路，就要在土地改革中彻底消灭封建势力，解放生产力，使无地和少地的各族农民获得包括土地在内的生产资料。为了更好地组织和领导这场革命运动，各级党委在进行土改准备工作时，对哈尼族地区的社会经济发展不平衡的状况，做了认真的调查研究，如中共元阳县工委和中央民族访问团《关于麻栗寨、牛角寨的社会调查》，以及边疆和平协调土改前中共红河边工委关于《金平县马鹿塘乡的社会调查》等。通过调查研究，各级党委认识到，不同地区的哈尼族必须采取不同的改革方法和政策，这样才能稳妥地、有步骤地完成土改工作。

一、土地改革前的社会经济形态

不同地区的哈尼族由于社会发展的不同，社会经济形态也存在着很大的差异。

红河南岸是哈尼族最为集中的地区，历史上这里曾属于“三十七部蛮”的一部分，后来逐渐演变为土司，成为江外“十八土司”。清末实行改土归流，部分地区由封建领主经济向地主经济过渡，地主经济开始出现，但大部分地区领主经济还不同程度地保留着，一直到中华人民共和国成立前夕。那里的土司既是政治上的最高统治者，又是土地的所有者。他们从政治上建立起一整套统治

机制，把辖区分成若干里，设里长，一个里长管辖数10个村寨，里下设招坝，一个招坝辖一村至数村。土司最高的统治机构——土司署(衙门)，设有师爷、管家、侍候、兵头等职。土司都有自己的武装。历史上在反抗外族压迫和帝国主义入侵的斗争中，土司在维护自己利益的前提下，对维护本民族利益也起过重要的作用，因而他们在本民族中有一定的影响力。

土司及其亲属直接占有大量的好田，即官田，多则数千亩上万亩，少则数百亩。除官田外，还有名目繁多的兵田、号令田、马草田、挑水田、看坟田、门户田、姑娘田、长子田等等。20世纪30年代，国民党进行土地清丈，有的土司趁机将辖区内的全部土地据为己有，并向农民直接征收6%—20%的农产品作为官租。元阳县犒吾卡土司所辖的坝思村，土司直接占有土地总产量的42.3%，而占总农户数量85.4%的贫苦农民，仅占土地总产量的14.7%。有的地区，土司还把直接掌握的一部分土地用租佃方式出租给农民。官租、地租成了压在农民头上的两项沉重的负担。此外，劳役、杂派等特权剥削，更是层出不穷。元阳县的猛弄土司，每年除要百姓缴纳官租外，还以村寨为单位，威逼农民向其交1头猪、12斤棉花。司署附近的村寨要轮流给土司送马草、砍柴；土司家坟地附近的村寨要代其备办祭品、哭坟，土司家有婚丧大事，农民要送礼和出劳役；农民猎获野物，必须把贵重的部分献给土司。

土司制度已崩溃的地区，新兴的地主阶级通过兼并集中了大量的好田，地主经济有了显著发展。据1956年对元阳、金平、红河、绿春4个县的调查：地主、富农占总户数的7.5%，却占有37.5%的耕地；而元阳县地主、富农占全县总户数的7%，却占有36.9%的耕地。地主、富农的剥削集中在地租、高利贷、雇工3个方面。地租通常是产量的50%—70%，高利贷年利高达100%—300%，雇工常是无偿劳役。地主还通过买青苗、买秋谷等手段变本加厉地盘剥农民。在金平县马鹿塘，地主占有全部水田的76.4%，而贫农雇农只

占有少量土地，甚至完全丧失土地。

二、土地制度的改革

在哈尼族地区的土地改革过程中，由于哈尼族分布的地理区域不同、社会经济状况各异，土地改革中形成昆明市和玉溪市、普洱市和西双版纳州、红河州3种不同的情况。居住在昆明市和玉溪市的哈尼族的生产生活水平比较接近内地汉族经济发达地区，土地制度的变革进程比较接近云南全省的水平。普洱市和西双版纳州的哈尼族分布处于“大分散、小聚居”的状态，情况多样。澜沧江以东的墨江、宁洱、镇沅等县1952年就进行了土地改革，使广大哈尼族人民分得了土地。澜沧江以西的澜沧、孟连等县的哈尼族与佤族、拉祜族、布朗族等民族杂居，有的还处于原始社会末期，土地改革进程较慢。因普洱市和西双版纳州哈尼族社会发展的不平衡，1955—1956年，在阶级分化较为明显的墨江、新平、元江等县实行了和平协商土地改革，在阶级分化不明显的地区，如景洪、勐海、澜沧、孟连等市县，采取逐步向社会主义过渡的方针，建立社会主义集体所有制的农业生产合作社。

哈尼族聚居的红河南岸的金平、元阳、红河、绿春等县，是实行和平协商土地改革的地区。中华人民共和国成立后，这些地区通过疏通民族关系、加强民族团结、争取团结民族爱国人士、建立联防及基层政权、开展对敌斗争、安定社会秩序、推行民族区域自治等工作，为土改创造了有利条件。同时，全国的土改形势对这里产生了巨大的影响。有的村寨群众自发起来分田地，阶级矛盾渐渐突出。民族爱国人士迫于群众的声势，在党的“团结、教育、改造”政策的感召下，逐渐认识到只有赞成改革、靠拢人民，才是出路。这些情况使这里的土地改革形成“瓜熟蒂落、水到渠成”的局面。

综上所述，哈尼族地区根据不同情况，先后用了5年多的时间，分期分批，采取不同方式，进行了以土地改革为中心的社会经济变更运动。墨江、元江、宁洱、镇沅等哈尼族地区，由于社会

发展程度、土地制度、剥削制度基本与当地汉族一致，所以采取了与一般地区基本相同的方式完成了土地改革。红河南岸的元阳、绿春、红河、金平4县及江城县、西双版纳州格朗和等哈尼族地区，由于经济发展较落后，民族关系和阶级关系相互交织，于是在1955—1956年底采取和平协商的方式完成了土地改革。其余居住于金平县、绿春县和西双版纳州国境沿线的哈尼族，由于阶级分化不明显，因此采取了直接过渡的方式。通过土改和和平协商土改，彻底废除了封建土地制度和封建剥削制度，使广大哈尼族贫苦农民分得了土地、耕牛和农具。

三、社会主义改造

1956年，红河南岸的元阳、绿春、红河、金平4县的哈尼族聚居区结束了土地改革。中共云南省委在土改后提出了“大量发展互助组，重点试办合作社，大力发展生产，稳步开展互助合作”的方针。很快，这些地区就组织了各种类型的互助组3500多个，入组农户占总农户的40%，并试办了

34个初级社。1957年，互助组发展到4100多个，入组农户占总农户的80%，试办社发展到82个。当年秋后，各社的生产都有了大幅度增长，其中60%的社增产30%以上。如墨江县1952年开始土地改革，到1953年就分3批完成全县的土改工作。1954年，全县建立互助组。1955年，实现土地入股分红与劳动分红相结合的初级合作化，哈尼族农民都加入初级农业生产合作社，进行更大规模的集体生产。1956年，取消土地分红，实行按劳分配的社会主义分配制度。由于多劳多得，社员的生产积极性大大提高，生产力得到进一步解放，粮食产量年年增加。到1958年9月，全县哈尼族全部参加了人民公社，实现了人民公社化。但到1958年底，由于受“左”的思想影响，有相当多的农户没有经过互助组的发展阶段就直接进入农业生产合作社，一刀切实行人民公社，有些社没有坚持自觉、互利、民主管理三大原则，一哄而起，缺乏生产管理经验，出现了平均主义，干多干少一个样、干好干坏一个样的吃“大锅饭”等问

题，严重挫伤了广大哈尼族人民的积极性。生产搞不好，群众生活出现了困难。“大跃进”运动使得以高指标、瞎指挥、浮夸风和“共产风”为主要标志的“左”的错误严重泛滥，哈尼族人民的生产生活遭受到严重的损害。为纠正“大跃进”带来的失误和恢复正常生产，1961年，哈尼族地区同全国一样进入3年的“调整、巩固、充实、提高”时期。经过一系列的调整措施和几年的努力，农村恢复了元气，农业生产得到了恢复，并有了新的发展。“文化大革命”期间，“左”的思潮再度抬头。1966年，红河南岸边疆4个县、江城县、孟连县、澜沧县及西双版纳州的哈尼族地区也建起了人民公社。1967—1977年，在边境哈尼族地区搞“政治边防”“扫冒尖”“划线站队”以及“二次土改”等，极左路线在整个哈尼族地区造成了极其严重的后果。1978年12月党的十一届三中全会后，开始全面认真地纠正极左错误，哈尼族地区随着包产到户的家庭联产承包责任制的贯彻和富民政策的实施，人民的生活逐步得到了改善。

直到20世纪60年代以前，哈尼族尚未形成自己的手工业和商业体系。20世纪60年代末期，红河州、普洱市的哈尼族多处于自给自足的自然经济状态，商品经济观念淡薄。从20世纪70年代开始，红河州、普洱市的哈尼族山区在州县交界处开辟了一些自由集市，如地处墨江县的龙坝镇、那哈乡及红河县的三村乡、垤玛乡的黑树林街，墨江、元江两县交界的因远街，或在哈尼族聚居区的墨江、元阳、红河、绿春等县城10天或5天一次的街市。哈尼族群众把吃不完的蔬菜瓜果拿到街市上出售，买回所需的盐巴、布料等生活用品或生产工具。20世纪70年代中期，红河州、普洱市的哈尼族群众中的部分人开始有了商品经济思想。有的人家开始多养一些鸡、鸭，等鸡、鸭生了蛋后把蛋拿到自由集市上去卖；有的人把在甲地收购的鸡蛋拿到乙地市场去卖。另外，有些哈尼族妇女会编织草席拿去出售。竹木器加工是男子的事，多余的也拿到集市上出售。哈尼族的铁匠、银匠可为人修补、打制简单的铁器和银器，

并不脱离生产劳动。20世纪80年代以后，哈尼族地区出现专业的铁匠和银匠，可打制锄头、镰刀、砍刀、弯刀、斧头、短刀、三脚架等生产工具和生活银饰品等，但只是简单地加工，仍不会冶炼。匠人数量不多，一般10多个村寨才有一个专业铁匠，银匠更少。

第六章　哈尼族地区的民族区域自治

哈尼族自治区到自治州的发展历程

伴随着云南全境解放的春风，哈尼族人民也逐步实现了当家做主。1949年7月，在元江成立滇南临时人民政府行政公署，12月改称滇南行政专员公署，移驻建水；1950年3月后改称蒙自区行政督察公署，驻地迁到蒙自，辖个旧、蒙自、开远、建水、石屏、元江、龙武、曲溪、金平、新民（元阳）、屏边、河口等12个县及红河县筹备处。1949年8月，元江宣告解放，成立了元江县临时人民政府。

1951年1月，蒙自专区第一届各族各界人民代

表大会在蒙自召开。

1951年4月，中央民族访问团来到了红河地区。访问团所到之处，大力宣传党的民族政策，对民族工作的开展起了重大的推动作用。在访问团的帮助下，在蒙自专区和元阳县分别召开了各族各界人民代表会议，成立了蒙自专区民族民主联合政府及元阳县民族民主联合政府，保障了少数民族在政权中应充分享有的平等权利。在专区联合政府委员中，少数民族委员人数占50%以上，其中少数民族上层人士占有一定数量。元阳县联合政府委员中，少数民族委员占80%左右，其中也有一定数量的民族爱国人士。这些做法受到了各民族各阶层人士的热烈拥护，进一步团结了各族人民，改善了民族关系。

联合政府成立后，1951年8月，蒙自专区组建200多人的专区民族访问团，分赴红河南岸的红河、元阳、金平等边疆县，继续宣传贯彻党的民族政策，大力开展争取爱国人士的工作，揭穿匪特的各种谣言，安定人心，稳定社会秩序。一部分在中华人民共和国成立初期因不明政策而逃往境外的民族上层人士，纷纷表示愿意靠拢人民、回到祖国的怀抱。在广大人民群众中还开展了以抗美援朝为主要内容的爱国主义教育，同时还组织了各种类型的少数民族参观团。参观团赴内地各大城市参观，使团员开阔了眼界。各族人民更加热爱伟大的祖国。

与此同时，工作队和驻守在当地的人民解放军，还广泛开展了“做好事、交朋友”的活动，把货物送到村寨，把医药送上门，热情地帮助群众生产抗灾、修建房屋，为群众治病、理发，并调解历史遗留下来的民族纠纷和地区纠纷。党和人民政府还给哈尼族、彝族、傣族、苗族、瑶族等各族人民发放贷款、救济款，并以合理的价格供应各种生活生产的必需品和收购土特产品，从多方面帮助各民族群众发展生产。同时，逐步开展医疗卫生和文化教育工作。这些无微不至的关怀，使各民族划清了共产党、人民政府同国民党的界线，改变了过去由于统治阶级的民族压迫、民族

歧视政策所造成的对汉族不信任的心理。以前少数民族中曾经有“石头做不得枕头，汉人交不得朋友”的说法。通过工作，各族人民亲切地称呼人民解放军和工作队是启玛然（哈尼语，义为一娘生的兄弟）。

随着民族政策的深入贯彻和各项工作的开展，民族干部逐步成长，社会秩序逐步稳定，各民族的团结逐步加强，哈尼族聚居区已初步具备了实行民族区域自治的条件。1952年，在哈尼族聚居的红河县，成立了县一级的哈尼族自治区人民政府。这是红河地区的第一个自治县。随后，又相继成立了相当于县辖区级的元阳县太和哈尼族彝族傣族联合自治区人民政府以及52个乡一级的自治区人民政府。过去深受阶级压迫歧视的少数民族人民，无不由衷地感谢共产党和毛主席的恩情。他们说，过去只听说哈尼种田、苗家种地，从没有听说少数民族可以当家做主，毛主席给他们建房盖屋安了家，风吹雨打都不怕了。各族人民真正感到了祖国大家庭的温暖，更积极、更主动地投入到建设边疆和保卫边疆的热潮中。

在实行民族区域自治的过程中，汉族人民给予了各少数民族热情的支持和帮助，使各少数民族同汉族的关系进一步密切，不少历史上遗留下来的隔阂也随之消除。红河县金竹林的哈尼族与坝安的瑶族，因山地问题长期发生纠纷，瑶族为此迁往其他地区。实现民族区域自治后，哈尼族主动谦让照顾瑶族，使山地问题得到合理解决，瑶族兄弟又搬回来了。他们激动地说，他们的衣裳不同，但心是一样的，各民族都是一家人，他们不再搬家了。在推行民族区域自治中，民族上层的统一战线工作，也进一步得到了加强。在各级自治政府中都有一部分靠拢人民而又愿意进步的上层人士。

1953年初，红河南岸的红河、元阳、金平3县以及河口县的马鞍底区，在基本完成了基层政权的建设和基本剿灭土匪残余之后，建立了相当于专区一级的自治区。各族人民和各民族干部也认为成立自治政府对建设边疆更有利。于是，中共

蒙自地委和专员公署，分别召集各种会议，征询各方面的意见，在取得比较一致的意见之后，于1953年9月5日，在蒙自召开了蒙自专区民族工作会议。出席会议的128位少数民族代表经过充分协商，作出了在红河南岸地区建立红河哈尼族自治区的决议，并成立了筹备机构，具体领导开展各项准备工作。到此，红河地区贯彻民族区域自治政策，推行民族区域自治，又进入了一个新的历史阶段。

1953年12月25日，在元阳新街隆重召开了红河哈尼族自治区第一届各族各界人民代表大会第一次会议。出席会议的有哈尼族、彝族、傣族、苗族、瑶族、壮族、拉祜族、汉族等民族的代表共415人。会议代行人民代表大会的职权，选举了自治区人民政府主席、副主席和政府委员35人，其中哈尼族代表19人。会议还通过了《云南省红河哈尼族自治区组织条例（草案）》《云南省红河哈尼族自治区人民政府措施方针》《红河哈尼族自治区各族人民爱国公约》。提出了今后一段时期，自治区人民政府必须进一步领导发展生产，加强民族团结，培养民族干部，发展文教卫生事业和加强对敌斗争等工作。同时，还协商建立了中国人民政治协商会议红河哈尼族自治区委员会。1954年1月1日，召开了上万人的庆祝大会，宣布自治区的成立。各族人民张灯结彩、敲锣打鼓前来庆祝。

自治区成立后，按照各民族的实际情况，组织和展开了各项工作，农业生产、经济建设、对敌斗争以及民族团结等方面的工作，都有新的进展。但是，由于当时区内所属的几个县未进行土地改革，封建剥削制度还严重阻碍着生产的发展和民族的繁荣。各族人民要求得到土地的呼声不断反映到自治区人民代表会议上，废除封建剥削制度已成为人民政府面临的重要任务。1956年初，自治区第一届各族各界人民代表大会第四次会议召开。根据宪法赋予的自治地方可以制定单行条例的权力，本次会议通过了中共红河工委提出的关于进行和平协商土地改革的建议和《红河哈尼族自治区和平协商土地改革条例（草案）》，并报经

全国人民代表大会常务委员会批准，进一步贯彻实施。该《条例(草案)》体现了自治地方的权力，使土改得以顺利进行，生产得到发展。经济建设也有很大发展。过去在自治区内没有一条公路，自治区成立后短时间内就修建了个(旧)金(平)和建(水)元(阳)2条公路。电力、碾米、农具加工等也逐步发展起来。这些开始改变自治区历史上交通闭塞、没有现代工业的状况。中、小学校的数量也比建区前增加了3倍。严重危害人民身体健康的疟疾也基本得到了控制。为了迅速改变自治区经济文化落后的面貌，国家每年都拨出巨款扶持，结余不上缴，不足者还给予补助。1954年到1956年的3年中，国家给的补助达3560万元，占全区收入的62%，充分体现了国家对民族自治地方的照顾。

自治区虽然地域广阔，物产丰富，但由于历史上的某些原因，经济基础比较差，特别是在发展工农业上存在资金和技术方面的困难。红河北岸的几个县，工业、农业和科技都具有一定的基础，少数民族人口也比较集中，特别是彝族占有相当的数量。历史上南北两岸同属一个行政区划。长期以来，各族人民休戚与共、息息相关，经济交往十分密切。从有利于经济建设出发，南北两岸合作并建立以哈尼族和彝族为自治民族的自治州，已是人心所向、大势所趋。这样更便于各民族在政治、经济和文化上互助合作，使区内各民族一起进步，共同发展，共同繁荣。为了在各族人民中取得比较一致的意见，红河哈尼族自治区人民政府和蒙自专员公署，分别派出工作组深入各地召开各方面人士会议，广泛听取意见。在取得比较一致的意见后，1957年7月5日，蒙自专区和红河哈尼族自治区联合召开了各族代表会议。代表们对自治州的区划、名称、民族组成等重大问题进行了充分讨论和协商，作出了合并建州的决议，并制定了建州的方案。

经国务院全体会议第五十七次会议正式批准后，同年11月13日，自治州第一届人民代表大会在蒙自隆重召开。出席会议的有各民族的代表、

各阶层的代表和解放军的代表，共405人。其中，工人、农民和国家机关的代表占代表总数的70%，其他各方面代表为30%。这充分体现了以工人阶级为领导、以工农联盟为基础的政权性质。在代表构成中，对兄弟民族做了适当照顾，哈尼族和彝族的代表名额分别占26.4%和28.8%，略超过其人口所占的比例数。苗族、瑶族、傣族、壮族、回族、拉祜族等民族的代表占21.1%。这样既反映了自治州以哈尼族、彝族为主体的特点，同时又保障了人口较少民族的平等权利。

会议通过了《红河哈尼族彝族自治州人民代表大会和人民委员会组织条例》，听取了题为《蒙自专区、红河哈尼族自治区七年来的工作成就及今后主要工作任务》的报告。代表们在讨论中，根据各项工作的成绩和自身体会，一致认为，中国共产党的正确领导，是自治州发展繁荣的根本保证，今后必须进一步加强党的领导，加强各民族的大团结和地区的大团结，互相支援，共同进步。会议在民主、团结的气氛中，选举了39人组成的自治州人民委员会，并选举出州长1人（哈尼族）、副州长8人（哈尼族2人、彝族3人、汉族2人、苗族1人）、中级人民法院院长1人（彝族）。同时，还召开了中国人民政治协商会议红河哈尼族彝族自治州第一届委员会第一次全体会议，扩大加强了统一战线。

1957年11月18日，红河哈尼族彝族自治州正式成立，5万多名各族群众，身穿民族服装，齐聚在蒙自的大广场上，庆祝自治州的成立。全省各兄弟自治州、自治县，也派代表前来祝贺，到处是一片欢呼声和鞭炮声，自治州州府蒙自县沉浸在欢腾的海洋里。

自治州成立的第二年，为发展民族经济，把自治州建设成为既有能源工业，又有冶金、机械、制糖、轻工等工业的地区，使工农业和谐发展，为国家作出更大贡献，经上级人民政府批准，将省辖的锡都——个旧市划归自治州管辖，自治州州府由蒙自迁至个旧。

“文化大革命”期间，党的民族区域自治政策

遭到了严重破坏，民族区域自治地方的工作完全陷入停顿，原有的一些自治地方被取消、肢解，许多自治地方名存实亡。党的十一届三中全会以后，党中央拨乱反正，我国推行民族区域自治的工作取得了新的成就，哈尼族地区的民族区域自治制度又进入了一个新的黄金时期。

1983年4月，召开了红河哈尼族彝族自治州第五届人民代表大会第一次会议。会议选举产生了州人大常委会和州人民政府。本届人民代表大会共有代表547人，其中哈尼族92人。哈尼族代表白佐光当选州长。党的民族区域自治政策在新的历史时期进一步发扬光大。

1984年5月31日，第六届全国人民代表大会第二次会议通过了《中华人民共和国民族区域自治法》。根据该法赋予的权力，1984年8月，自治州成立了《红河哈尼族彝族自治州自治条例》起草委员会，并立即开始起草工作。1986年7月5日，自治州第五届人民代表大会第四次会议一致通过了《红河哈尼族彝族自治州自治条例》，并经1986年

8月30日云南省第六届人民代表大会常务委员会第二十三次会议批准，从1986年11月18日起正式施行。红河哈尼族地区的民族区域自治进入了新的历史阶段，哈尼族的历史发展也进入了新的时期。

1988年6月，自治州第六届人民代表大会第一次会议在个旧召开。出席会议的代表共346人，其中哈尼族代表62人；会议选举产生了州人大常委会和州人民政府，哈尼族代表李先猷当选州长。1993年6月底7月初，自治州第七届人民代表大会第一次会议在个旧召开。出席会议的代表共451人，其中哈尼族代表76人；会议选举产生了州人大常委会和州人民政府，哈尼族代表张学文当选州长。1998年4月，红河州第八届人民代表大会第一次会议在个旧召开。出席会议的代表共395人；会议选举产生了州人大常委会和州人民政府，哈尼族代表白成亮当选州长。人民代表大会制度的建立和进一步完善，推动了红河哈尼族地区民族区域自治制度的发展。

2003年3月，召开了自治州第九届人民代表

大会第一次会议，选举产生了州人大常委会和州人民政府。出席会议的代表共401人，其中哈尼族62人，哈尼族代表白成亮当选州长。为加快个（旧）、开（远）、蒙（自）滇南中心城市建设，2003年5月经国务院批准红河哈尼族彝族自治州州府由个旧迁回蒙自。

墨江哈尼族自治县的发展历程

1949年1月7日，墨江县城获得解放。5月27日，成立了墨江县军政委员会，7月底，中共思普地委派第十民众运动工作团到墨江开展民主建政工作。8月3日，改组墨江县军政委员会，成立墨江县临时人民政府，同时成立中国共产党墨江县工作委员会，由宁洱专员公署和中共思普地委领导。1950年5月4日，经中共云南省委批准，成立中国共产党云南省墨江县委员会，墨江县临时人民政府改称墨江县人民政府。1953年3月，宁洱专员公署改为思茅专员公署，墨江隶属思茅专员公署。

1957年1月，县人民政府改称人民委员会。1967年4月，县人民武装部奉命接管原县委、县人民委员会，实行军事管理制，成立县军事管制委员会。1968年4月26日，成立墨江县革命委员会。

1979年7月30日，经国务院批准，撤销墨江县，在原墨江县辖区成立墨江哈尼族自治县，原县革命委员会改称自治县人民政府，并于同年11月28日在县城举行了自治县成立大会。

1990年4月1日，县第十届人民代表大会第一次会议通过了《墨江哈尼族自治县自治条例》；7月2日，云南省第七届人民代表大会常务委员会第四次会议批准施行。

其他哈尼族地区民族区域自治的发展历程

一、思茅地区

1949年5月10日，宁洱县临时人民政府成立。1950年春，临时人民政府改为宁洱县人民政府。1951年4月21日，宁洱县改为普洱县。党的十一届三中全会后，民族区域自治政策得到了贯彻落

实。普洱县民族事务委员会于1982年5月起草了《要求成立普洱哈尼族彝族自治县的意见》，由普洱县出席云南省第五届人民代表大会的代表提交到大会。在国家民委、云南省民委和思茅地区民委的帮助下，全县各族各界群众进行了反复讨论，认为：普洱县是哈尼族、彝族的聚居地区之一，据1982年7月1日全国第三次人口普查的统计，哈尼族人口有38737人，占全县总人口的22.31%，彝族人口有29572人，占全县总人口的17%，两个民族的人口合计占39.31%；经过多年的培养，大批少数民族特别是哈尼族和彝族干部走上了各级领导岗位，已基本具备成立哈尼族彝族自治县的条件。

1983年6月，中共普洱县委责成县民委拟出改设普洱哈尼族彝族自治县的报告，同年8月上报中共思茅地委和思茅地区行政公署，并逐级上报至云南省人民政府和国务院。国务院于1985年6月11日正式批准："撤销普洱县，设立普洱哈尼族彝族自治县。以原普洱县的行政区域为普洱哈尼族彝族自治县的行政区域。”普洱县于6月下旬成立了由25名委员组成的成立普洱哈尼族彝族自治县筹备委员会。1985年12月10—12日，普洱县第九届人民代表大会第三次全体会议召开，通过了《关于将12月15日定为成立普洱哈尼族彝族自治县的庆祝日的决定》。1985年12月15日，庆祝普洱哈尼族彝族自治县成立大会在自治县运动场举行。普洱哈尼族彝族自治县的成立，是普洱哈尼族发展史上一个重要的里程碑。2007年1月21日，经国务院批准，原思茅地区更名为普洱市，而普洱哈尼族彝族自治县更名为宁洱哈尼族彝族自治县。

1949年11月1日，由共产党领导的江城县临时人民政府成立。中华人民共和国成立初期，在江城实行民族区域自治的条件尚不成熟的情况下，首先召开了各族各界代表会议和成立了县人民政府，将其作为过渡性的权力机构，为实行区域自治创造条件。其次是于1952年4月成立了区域自治筹备委员会。筹委会在2年多的时间里，召开了5次扩大会议，共吸收各族各界的300多名代表参

加，分别对民族识别、民族组成、自治政府的组织形式、自治政府名称、自治政府驻地等有关问题进行了充分的讨论协商，草拟了组织通则、施政纲要等文件。再次是对江城的民族进行了识别。经过识别，江城共有10个民族，即哈尼族、彝族、汉族、傣族、瑶族、拉祜族、回族、布朗族、白族、壮族。在10个民族中，少数民族占总人口的77.45%，其中哈尼族占总人口的47.38%，彝族占18.06%。通过4年来广泛深入的群众工作和召开各族各界代表会议，贯彻了党的民族政策，疏通了民族关系，逐步消除了民族隔阂，对民族上层进行了团结教育工作，全县各族人民在民族平等的基础上，实现了历史上从来没有过的大团结，从而在民族关系上为实行区域自治排除了障碍。根据各民族人口在全县总人口中所占的比例，在扩大的区域自治筹备委员会上，经过充分协商，最后各族各界代表一致同意建立以哈尼族、彝族为主体的自治区。

1954年5月11—18日，江城县哈尼族彝族自治区首届一次各族各界代表会议胜利召开。会议庄严宣布了江城县哈尼族彝族自治区人民政府于1954年5月18日正式成立。1955年12月5日，江城县哈尼族彝族自治区人民政府改为江城哈尼族彝族自治县人民委员会。

1990年，根据宪法和《中华人民共和国民族区域自治法》，制定了《江城哈尼族彝族自治县自治条例》，并于同年10月1日颁布实施。

1949年8月，镇沅县解放。10月16日，镇沅县临时人民政府成立。1950年3月，改称镇沅县人民政府。1967年4月，镇沅县军事管制委员会成立。1968年5月1日，镇沅县革命委员会成立。1981年3月，撤销镇沅县革命委员会，恢复镇沅县人民政府，设立镇沅县人民代表大会常务委员会。1950—1953年，县人民政府召开了4次全县各族各界代表会议，宣传学习党的民族政策，共同商讨民族团结平等大事，提高了少数民族的政治地位和参政议政意识，并进行民族团结教育。随后，又组织了民族工作队。县委、县政府领导带领工

作队深入农村，扎根基层，了解情况，调解民族纠纷，广泛接触群众，联络感情，为少数民族办实事，和民众交朋友，进行各族人民是一家的教育。镇沅县委、县政府还大力培养少数民族干部，为民族区域自治地实行储备干部。1986年5月，镇沅县根据《中华人民共和国民族区域自治法》的有关规定和全县少数民族人口占总人口50.54%的实际，向国家民委递交了《关于建立镇沅彝族哈尼族拉祜族自治县的报告》。1990年2月3日，国务院正式批准撤销镇沅县，设立镇沅彝族哈尼族拉祜族自治县。5月15日，在县城举行庆祝自治县成立大会。

二、玉溪地区

1950年春，中央访问团西南团二分团一行20人来到元江，带着中共中央、中央人民政府的深情厚谊，对元江各族群众进行了为期5天的访问，为宣传、贯彻党的民族政策打下了良好基础。粉碎“四人帮”以后，为了进一步落实党的民族区域自治政策，加速元江政治、经济、文化的建设步伐，开创民族工作新局面，根据宪法的有关规定，结合元江境内少数民族人口及其构成的实际，1979年12月26日，国务院正式批准成立元江哈尼族彝族傣族自治县。1980年11月21日，元江各族人民举行了自治县成立庆祝大会，3万多名各族群众齐聚县城，热烈庆祝自治县的诞生。

三、西双版纳地区

1950年2月17日，勐海县获得解放。1953年1月23日，西双版纳傣族自治区成立。1987年，西双版纳原格朗和哈尼族自治区改名为格朗和哈尼族乡，同时建立了勐满拉祜族哈尼族布朗族乡、西定哈尼族乡、巴达布朗族哈尼族乡、勐冈哈尼族布朗族乡。

第七章　哈尼族传统文化与发展前景

哈尼族的传统文化主要包括语言文字、衣食住行、宗族关系、婚姻家庭、生产方式、宗教信仰、岁时节日、天文历法、人生礼仪、民间文学、民间传承方式等方面。

哈尼族的语言文字

哈尼语属于汉藏语系藏缅语族彝语支。根据哈尼族通行于不同地区的、彼此有一定差别的地方话，可将哈尼族语言划分为哈雅、碧卡、豪白3个方言。各方言之间的差异主要表现在词汇和语音上，语法差异较小。

一、哈雅方言

哈雅方言内部分为哈尼、雅尼两个次方言，各次方言又分为若干土语。哈尼次方言代表性的土语有绿春县大寨哈尼土语、元阳县麻栗寨哈尼土语、金平县马鹿塘哈尼土语、红河县甲寅哈尼土语、红河县浪杂哈尼土语。操这些土语的哈尼族分布在红河州内的红河、元阳、绿春、金平、建水等县。雅尼次方言代表性的土语为西双版纳州勐海县格朗和雅尼土语和澜沧县那多雅尼土语。主要分布在西双版纳州的景洪市、勐海县、勐腊县和普洱市的澜沧拉祜族自治县、孟连傣族拉祜族佤族自治县。

二、碧卡方言

碧卡方言是哈尼族中自称碧约、卡多、哦怒等支系所使用的方言。主要分布在普洱市的墨江哈尼族自治县、江城哈尼族彝族自治县、宁洱哈尼族彝族自治县、镇沅彝族哈尼族拉祜族自治县等地。红河州内操此方言的哈尼族支系有碧约、卡多，他们杂居在绿春县的牛孔、大黑山、半坡、

骑马坝等乡。

三、豪白方言

豪白方言是哈尼族中自称豪尼、白宏等支系使用的方言土语。主要分布在墨江哈尼族自治县、元江哈尼族彝族傣族自治县和宁洱哈尼族彝族自治县等地。红河州内操此方言的是白宏支系，其主要分布在红河县的垤玛乡、三村乡，绿春县的大水沟乡，元阳县的黄草岭乡等地。

四、哈尼族文字的创制

历史上，哈尼族没有与自己语言相对应的文字。中华人民共和国成立后，党和政府根据哈尼族人民的愿望和要求，积极帮助哈尼族创制自己的文字。

1952年，哈尼语调查研究开始进行。1953年，有人曾根据豪白方言墨江县水癸话的语音设计了豪尼文字方案(未试行)。1956年，中国科学院少数民族语言调查第三工作队哈尼语组和云南省民族事务委员会语文研究室哈尼语组进一步对哈尼语做了普遍调查。1957年，写出了《关于划分哈尼语方言和创制哈尼文的意见》的调查报告，并制定了《哈尼文字方案（草案）》。此方案包括两种方言文字，即哈雅方言文字和碧卡方言文字。哈雅方言文字以哈雅方言的哈尼次方言为基础方言，以绿春大寨哈尼话的语音为标准音。碧卡方言文字以碧卡方言为基础方言，以墨江县城周围碧约话的语音为标准音。《哈尼文字方案》经1957年3月在昆明召开的云南省少数民族语言文字科学讨论会通过，呈报国家民委批准试行。但碧卡方言文字未经试行，哈雅方言文字（下文称哈尼文）于1958年开始在红河哈尼族彝族自治州试行至今。

哈尼族村落与家庭结构

一、哈尼族的村落环境

哈尼族传统村落的基本格局是，村头必须以茂密森林覆盖的山包作为护寨神林，此地是每年农历二月祭祀寨神的活动场所。两侧斜插的小山梁为村寨之“扶手”。寨脚的小山包为寨子的“歇脚处”，建寨时在此地选择一棵高大乔木作为山神

的标志，是每年农历三月梯田栽插之际举行祭祀活动的场所。一条源自原始森林中的溪水被引至村寨一侧，安装一两架水碾子、水磨、水碓，供人们洗涤用，也是灌溉梯田的主要水源。但是水磨、水碓自20世纪70年代后期以来日渐消失。村寨的一侧面积约有1亩的平地为磨秋场，立有磨秋桩，是每年农历六月举行矻扎扎节庆典活动的场所。村前梯田层层，田间崎岖小路纵横交错。

哈尼族村落布局的条件基本达到后，还得经过一系列选址、围寨界等宗教仪式后方可在其间立屋建房。

哈尼族的传统村落景观

二、哈尼族的建筑形式

(一)土掌房

哈尼族的土掌房主要分布在红河流域海拔1000—1400米的亚热带半山区。土掌房的外形一般为长方形，墙体厚实，土木石结构，外墙开小窗，土墙土平顶，呈一片黄色。一栋完整的土掌房，包括正房和廊厦，部分土掌房还有厢房和畜厩等附属建筑。正房横向3开间，上下2层。廊厦、厢房、畜厩的形制比正房小，通常仅设地板面一层。

土掌房的墙底垒砌石脚，墙体多用土坯砌筑，间有少量的夯实筑墙体或少量和泥筑墙体。平顶则是将黏土和沙土以适当比例混合均匀后，用木槌夯实而成。

(二)蘑菇房

红河流域的红河、元阳、金平、绿春、建水等县境内的大部分哈尼族房屋建筑为土木结构。在奠基石的上面用以木夹板定型的泥土筑墙或土坯砌墙。从地面一层起有3层，顶层上面覆盖四斜

面茅草顶。远望其形犹如朵朵蘑菇，故称蘑菇房。其中以元阳县和金平县较为典型。

元阳蘑菇房近似正方体，最上面一层为覆盖四斜面的茅草顶或稻草顶，其斜面角度约45° 。房门大多开朝地势低下的田野方向。经济条件好的家庭在正房前、左、右方向均建耳房，构成四合院式的蘑菇房群。

哈尼族的蘑菇房

(三)瓦房

20世纪70年代末期后，筒瓦和板瓦被大量用于哀牢山区的哈尼族村落建筑中，其中以红河县域内的哈尼、奕车、腊咪、白宏等支系的民居最典型。刚开始时，人们只是把土掌房的土面平顶和蘑菇房的草顶去掉，在其顶层上竖立人字形的木架屋顶，其上铺设板瓦和筒瓦，使之成为双斜面硬山顶或悬山顶的瓦房，但房屋内部的布局仍然保持传统哈尼族的风格。从总体上来说，在20世纪最后的20年时间里，合院式瓦房上升为哈尼族聚落中数量最多的一种建筑类型。从哀牢山区哈尼族聚落整体建筑形式的变迁而言，传统土掌房和蘑菇房向合院式瓦房、钢筋水泥平顶房、水泥瓦顶房、石棉瓦顶混合房转型是一种趋势。这很大程度上破坏了哈尼族聚落的传统人文景观。

（四）干栏式房

西双版纳州内景洪、勐海、勐腊一带的哈尼族村落，处于海拔1000米以上的半山区，三面环山，一面临河，房前屋后都栽植竹子和果树。

干栏式楼房哈尼语称拥戈，其外形与傣族竹楼相似，但其室内布局与文化内涵则不同。这些干栏式楼房一般建在坡地挖成平台的地基上，用

10根主柱、6根副柱拦腰凿洞穿榫而成，一楼一底，底层不建围墙，四周合围竹木栅栏，多用作畜厩，也可安装脚碓和堆放杂物。二层为木板楼面，有4排木柱，四周用竹板、木板或竹篱笆合围，冬暖夏凉。男室与女室各设有火塘。男室内的火塘平时很少用作煮饭，多用于取暖和煮茶，昔日无电时也作照明。女室内的火塘除供取暖照明之外，还用作烹饪。男室上方还设有一层小楼，用以堆放谷物及生产生活用品。男女室各设一道门，门前有楼梯，来客登楼，男女有别。男客从男室的楼梯上下，女客从女室的楼梯上下。男室门前设有一个阳台，是纺织、扎棉、挑花等的场所。

三、家庭结构

哈尼族男子一旦结婚并有了孩子之后，一般都要与父母分家，组成小家庭，独立生活。分家时，家长与本族男性长者商议，将田地、房屋、大牲畜、农具、家具、果木林等固定资产，按家里儿子的人数平均分成几份，分家独立生活的儿子可分得一份，而女儿一般无权参与分配固定资产。哈尼族多将幼子留在父母身边。因为幼子尚年幼，生活经验不足，还需父母辅导。也有少数家庭将长子留在父母身边。有数代共居的大家庭，甚至有四五代同堂的，其家庭成员可达二三十人。哈尼族家庭以男性长者为尊，一切听从长者的教导，甚至坐卧饮食都有一定的尊长敬老规矩。比如：吃饭时长者坐上席，其他成员坐饭桌两侧或下方；好酒好菜要让长辈品尝第一口，其他成员按年龄长幼顺序进食；睡觉也要让长辈睡在堂屋或火塘边；公公与媳妇、兄长与弟媳不能同桌用餐，更不能同坐一条凳子。父亲在家庭中拥有很高的权力，负责安排全家人的生产生活，管理经济收支。

哈尼族的传统生产方式

一、采集与狩猎

采集是女子从事的生产活动之一。她们从十一二岁起就背着小背箩，带着镰刀到深山老林里采集各类蕨菜和鲜果。一年四季可食的野生植

物任何人都可以采摘。但是一些未成熟的果实、蘑菇之类，如果你是第一个发现者而不到采摘时间的话，只要做个已有主人的标记，后来者就不会去采了，这就是哈尼族“不取非我之物”的传统美德。

狩猎是过去哈尼族生产生活中的一项重要内容。哈尼族狩猎有集体围猎（撵山）和个体狩猎两种方式。狩猎者多为青壮年男子，时间多在梯田栽插完至收割前的6月至8月以及10月下旬至春节前的农闲阶段。一般来说，猎捕大型野兽是集体围猎，猎捕小型兽类或鸟类则是个体或无组织的小群体捕猎。猎枪和猎狗是哈尼族狩猎活动的得力工具和助手。集体狩猎，一般以村为单位行动，有时需联合几个村寨一起行动。

二、传统饲养业

哈尼族经过长期不懈的努力，驯养出适应当地地理环境的优良畜种。哈尼族家庭传统饲养的家畜有猪、水牛、黄牛、马、骡子、山羊、狗、猫、兔，家禽有鸡、鸭、鹅和鸽子。哈尼族尤善于养猪，并见于史料。哈尼族的窝泥猪或阿泥花猪曾被载入历史文献。清乾隆《开化府志》卷四物产条内有“阿泥花猪”。胡本《南诏野史》说，窝泥“善养猪，其猪小，耳短身长，不过三十斤，肉肥腯，名窝泥猪”。道光《威远厅志》卷三风俗条说，窝泥“土产花猪，家多畜养之”。

哈尼族家庭饲养的牛有水牛和黄牛两种。水牛做役力，黄牛多为闲牛，主要用作祭祀牺牲。

水牛是哈尼族梯田农耕的得力助手。所有梯田或台地全靠牛耕，故水牛被誉为“喂食的拖拉机”。哈尼族对水牛寄予了特殊的感情，在春节、莫昂纳（仰昂纳）等节日活动时要对其进行特殊祭献，表达人们对水牛的敬意。哈尼族栽完秧后就把牛归厩关养起来，到秋季庄稼收割完再进行自然放牧。关养期间以青草喂之，使牛春耕结束后恢复体力，以便冬耕和来年春耕好使。冬季特别寒冷的日子也是厩养，以秋季收割的稻草喂之，有条件的家庭还每天加喂三四个盐水浸泡过的草果，帮助牛驱寒。

哈尼族饲养的山羊，体形小，毛色纯黑。一般白天在山上放牧，晚上归厩。但并非每个家庭都饲养，只有放牧方便的个别家庭才饲养山羊。饲养的目的是用作丧礼牺牲，至今也未形成商品化。

狗、猫、兔也是哈尼族饲养的家畜。大部分家庭都养狗，一来狗会守门，二来可驯化成猎狗，是狩猎的重要助手。传说远古时，哈尼族的稻种最先是由狗叼回来的，故有了过新米节时米饭必须先喂狗的习俗。饲养猫和兔的家庭相对少一些。养猫的目的是让它去抓老鼠，平时喂泥鳅、鱼等腥味食物。养兔人家采摘青草喂之。

三、梯田农耕生产

哈尼族的梯田分布在滇南哀牢山脉中下段的元江（红河）流域、藤条江流域和把边江（李仙江）流域。据不完全统计，总面积达140多万亩。从行政区域的横向分布看：红河州有100多万亩，主要分布在元阳、红河、绿春、金平等4县。普洱市有30万亩，主要集中在墨江县的龙坝、坝溜、那哈、双龙、碧溪等乡镇，宁洱县的黎明、普义、把边等乡镇，江城县的嘉禾、曲水等乡镇，澜沧县的惠民、发展河等乡镇，孟连县的腊垒、南雅等乡镇。玉溪市约有10万亩，主要分布在元江县的羊街、那诺、咪哩、羊岔街、因远等乡镇以及新平、双柏的哀牢山自然保护区边缘。从哀牢山梯田分布的区域来看，哈尼族聚居或散居的地区均有梯田分布，但梯田组合规模、壮观程度从红河流域向西至把边江流域呈逐渐减少的态势。

哈尼族用高山溪流汇集而成的水系来灌溉梯田。明清至民国时期，凡几村共同使用的水沟，均有专人管理，管理人员按受益面积的多少收取水利谷，或分得一份公田耕种，以作报酬。水沟的维修，若工程不大，一般由管理人员负责；较大的工程维修，由受益村抽调劳力共同修理。发生水利纠纷时，则由当地的土司、里长、招坝和村寨绅老出面调处。公用水沟由村民推选沟长负责管理，以木刻分水，用水户按木刻交纳水沟谷。整修沟渠时，也由受益户按木刻口数投劳。沟长

每年召开一次群众会，祭沟会餐，商讨管沟事宜，改选沟长，修订管理制度。

木刻分水是哈尼族在长期的梯田农耕活动中形成的一种不成文的水沟管理制度。其形式为：根据一条沟渠所能灌溉的梯田面积，经过村与村、户与户有关田主的集体协商，规定每份梯田应得水量的多少，在大家一致认同的前提下，按沟头—沟腰—沟尾的流经顺序，在梯田与水沟的接合部设置一根横木，并在其上刻定各份梯田应得的水量，让沟水通过木刻凹口自然流进梯田里。枯枝落叶堵塞横木刻口不追究责任，若人为堵塞、加大刻口、移动横木而导致彼多此少的，则视为违约要予以罚款。属于户与户之间的违约由村民集合议处；属于村与村之间的违约则由片区的头人集合议处。这是哈尼族村与村、户与户之间为了确保合理用水、避免因用水而可能引起的纷争、达到保耕保种目的的一种世代相传的水规，为哈尼族梯田持续发展发挥了良好的作用。

哈尼族在不同海拔地带种植的传统水稻品种

分水木刻

多达上千种。这些品种均具备一个共同的特征，即高棵，稻秆高1.5—2米。哈尼族培植高棵品种与其生产生活之间有直接的关系。昔日，哈尼族的传统住房都是土木结构的稻草房，冬暖夏凉，因其状如蘑菇，所以被称为蘑菇房。其顶盖以长秆稻草为佳，每3—5年更换一次稻草，盖一座蘑菇房约需稻草0.2吨，故对稻草的需求量大。此外，耕牛是梯田农业得力的生产助手，冬季青草饲料枯死，耕牛入厩全靠稻草过冬，也需要大量的稻草。因此，哈尼族会在收割后把稻草在田间晒干，

然后运回家里储藏。

哈尼族传统的梯田耕作为3犁3耙，即3次犁田翻土、3次耙田平土。犁耙时间根据海拔高度不同有所区别。通常在农历九月上旬至十月下旬，收割完稻谷后便立即犁田，哈尼语称相汗补，义为犁头道田。犁田后垒筑、夯实田埂，谓之打埂子。根据田丘的大小，埂子宽15—100厘米不等。与此同时，以夺铲或锄头铲除埂壁上的杂草（有的地区为了防治稻田鼠害或在谷子开始转黄时保持良好的通风，在未收割稻谷之前已完成），使田埂焕然一新。田水灌满，耙田一遍，不使谷茬、杂草露出水面，浸泡近半年，让其腐烂，以增强土壤肥力。犁田、耙田不能延误时令，故哈尼族谚语说："男人犁田若过十月末，向下犁不死野慈姑，向上犁不死野荸荠。"这是哈尼族的生产经验总结。犁、耙田后近半年的闲置时间，不少地区在田中养鱼，形成"鱼稻共生系统"。

农历二月下旬至三月中旬，进行第二遍犁田、耙田，疏松细化土壤，提高土壤肥力，同时修补埂子漏水的地方，保持田中一定的蓄水量。在此时期，梯田呈现出波光粼粼的优美景观。

第三遍犁田、耙田在农历四月栽秧时节，与秧苗栽插工序同时进行。顺序仍然是先犁后耙、松土平土，以便栽插秧苗。高山地区的梯田一般耙过后为防止泥土板结，须在当日内插进秧苗，即耙好一丘田插一丘田秧。男子负责犁、耙田以及拔秧苗、运秧苗；女子主要从事栽秧。哈尼族谚语有“女子不犁田，男子不栽秧”之说。

秧苗栽下之后，梯田须保持一定的蓄水量，直到谷子收割前夕。因此，灌溉成为梯田管理的重要环节，人们三天两头必须查看梯田，防止田水干涸、水多淹秧苗、田埂崩塌等现象发生。谷穗转黄，则开始护秋。每日都要有人到田间查看谷秆是否倒伏，若有倒伏谷秆，将其扶起，并将数丛谷秆捆绑在一起，形成三角鼎立状就不容易再倒伏。稻谷抽穗扬花时必须以弯刀砍除田埂上或田边地角的杂草，以保持良好的通风。

修筑田埂

农历八月，田野里一片金黄，千里飘香。哈尼族过完尝新谷节之后，就进入了紧张的收割时期。一般来讲，农历八月下旬至九月下旬为梯田收割期（现在栽种杂交稻，故收割期提前了）。收割时女子割稻，男子脱粒。脱粒工具叫谷船，形似小舟，人们站立于谷船两端甩动谷穗，使谷穗与谷船相撞击而脱粒。脱粒后谷草摊开晒在田埂上，晒干后收拢运回家中存放，可用作屋顶更新材料或冬季牛饲料。谷粒搬运男女共同进行，谷粒装入麻袋后背运。河谷一带的梯田一般与村寨相距两三个小时的爬坡山路，故运载谷粒相当费劲。按习惯当日脱粒的谷子必须背回家中。

哈尼族的饮食与服饰

一、哈尼族的饮食结构与烹饪特色

哈尼族从古至今一直从事梯田稻作农耕，由此形成了以稻谷加工而成的大米饭为主食的饮食特征。哈尼族的主食以黏性籼稻和黏性粳稻为主，节日喜食糯性籼稻。其中，日常食用的品种有冷水谷、麻线谷、旱谷、黑壳大老粳、小花谷、大红脚谷、小红脚谷、白糯、长毛糯、香糯等。大部分稻谷经脚碓、水碓、水碾加工脱粒后呈红色，故称红米饭。哈尼族还以玉米、荞子、小麦、高粱等作为辅助杂粮。下文列举几种米饭烹制的特色食品。

生蒸饭：为哈尼族的传统饮食习俗，是逢年过节、婚丧嫁娶时的主食。其特点是饭粒稍硬，但不失营养，食后耐饿。烹制方法：将大米淘洗浸泡4小时后，把水倒掉，盛入木甑里生蒸2小时

左右，至米饭七成熟后倒入大木盆里，将饭团搅开，洒上适量的凉开水再反复搅拌，待水被米饭吸干后，再将米饭重新盛入木甑里蒸熟即可。

染黄饭：为哈尼族的传统饮食习俗。一般在农历二月和三月过昂玛突节、开秧门时烹制。此时，春耕伊始，黄花盛开。黄花是一种生长在哀牢山区海拔1400—1800米地带的植物，俗称七里香花。将其花放入铁锅中煨煮，待煨煮所得的黄色汁液冷却，将淘洗过的糯米倒入黄色液汁中搅拌浸泡10余个小时，再把染透黄色的糯米沥干水分盛入木甑里蒸熟即可。彼时烹制黄糯米饭的原因：一方面是上述的两节必须以黄糯米饭、肉、染色鸡蛋等作为祭品祭献寨神、地神以及报春的布谷鸟；另一方面是用此烹制方法做出的糯米饭比普通糯米饭更香醇，也是招待前来过节客人的好食品。

二、特色菜肴

哈尼族家庭一般是一日两餐，但在农忙时节则是一日三餐，早晚两餐在家中吃，中午则用特制的竹筒或竹篾饭盒将饭菜带到田间食用。一日两餐或三餐不可缺少的调料是食盐、豆豉、辣椒，任何蔬菜素煮时，均以这3种东西为主要原料做蘸水，缺一不可。因此，哈尼族无论日常吃饭，还是节日摆饭，必须先将盛有食盐、豆豉、辣椒的木制盐碟摆上桌。哈尼族俗话说："宁可三天不吃油，豆豉顿顿不能少""不吃豆豉不会唱山歌，不吃辣椒歌声不响亮"。这反映出哈尼族的饮食特色与习俗。

豆豉的食用方法有多种，一般先将制好的小豆豉团在热火塘灰里捂熟，再将其捣碎与菜一起

哈尼族的豆豉

炒或煮。捣碎的豆豉、辣椒面、食盐搅拌食用或做蘸水，是日常的调味法。

还有一种蘸水也是哈尼族的特色风味。其主要原料是食盐、辣椒、生姜、蒜苗、芫菜、香蓼、芫荽、薄荷、草果、麻椒、熟蛋黄、煮熟的鸡内脏、鸡汤等。其制作方法是先将绿色原料洗净切碎放入大碗中，加适当的食盐、味精、辣椒面、草果面、麻椒面，再将切碎的鸡内脏与上述原料一起搅拌，冲入热鸡汤，再放进熟蛋黄搅烂即成。其味清香麻辣，百食不腻，是哈尼族逢年过节杀鸡时必做的一道特色菜，可将鸡块放入其中蘸食。

焖锅酒是哈尼族传统的清酒，清香、醇厚。酿造焖锅酒的关键是酒曲。自制酒曲的主要原料为大米、花椒和多种草药。现在酿酒人大多在市场上购买化学合成的酒曲，故酿出的焖锅酒不怎么地道了。

二、哈尼族的服饰类型和特点

（一）儿童头饰

哈尼族3岁以前的儿童在衣着上基本无性别

之分，以护身保暖为本，唯有其自制的小布帽颇具民族特色。小布帽以一块长方形的黑布为底板，其上用丝线绣上重叠的小三角形、正方形、水波纹等，色彩以红、黄、蓝、白、紫为主，然后围成圆筒状，帽顶以几块小黑布拼接而成，顶沿儿钉上猪牙、海贝、鹰嘴等作为避邪物。

（二）男子头饰与服饰

哈尼族男子的衣着、头饰相对简单，朴素大方，大多为紧身短衣、大裤裆长裤和黑布包头。包头有长短，长的6米多，短的也有2米左右，以自染自织的土布做成。有的包头的一端，以织布留下的纱线搓捻成无数细条，做成樱花状，打包头时将这端扣在右耳上，使“樱花”垂于耳边。打包头时只能以从左到右的顺时针方向缠绕，在额头上方绕成层层相叠的人字形，给人以庄重之感。

男子上衣主要有无领斜襟右衽和短领对襟衣两种款式。无领斜襟右衽在右胸前和右腋下方钉布条纽扣，为50岁以上男子的上衣。裤子为大裆裤，大裤脚。短领对襟衣俗称普通衣，左右有对

称的2排布纽扣，一般为9对，衣服两肋下方开衩，为8—40岁男子的上衣。裤子仍为大裆裤、大长裤，不分正反面，称扭裆裤，以布条作为裤带。哈尼族男子的服饰具有上紧下宽的特征，以便于田间的劳作。过去，哈尼族男子的鞋类有木屐、棕鞋、草鞋。野外劳作时都赤足，在家时穿木屐，长途行走时穿棕鞋或草鞋。

哈尼族男子服饰

（三）女子服饰与支系标识

哈尼族各支系的女子服装，从款式到服装面

料、色彩上都有很大的差异，不同年龄层次的妇女穿戴也有明显的区别。一个女子是否成年、结婚、生育等，从她的穿戴上可以一目了然。

碧约服饰：哈尼族碧约人居于墨江县的联珠、龙坝、雅邑、坝溜、那哈、通关，绿春县的牛孔、半坡和江城县的嘉禾、国庆等乡镇。绿春县的哈尼族碧约妇女上衣为青色无领斜襟右衽长袖衣，两侧腰部开衩，右上胸钉一对布纽扣，右腋下钉一对布纽扣，衣襟后摆覆盖臀部，前摆只及腹中部，外露内衣，斜襟边缘以花边装饰。下着黑色筒裙，长及脚腕。头戴梅花银泡钉满三角形的小布帽，帽顶系一条彩穗带，与独辫扎在一起垂于后背。墨江县的哈尼族碧约女子用靛青色布包头，长发挽于头顶，以木梳卡住，用一块青色布从额头高挽的发髻朝后倾斜，挽成板瓦状，并拖垂到腰下，包头下垂一端的棉线穗带垂于背部；耳垂戴苤菜花银饰。外穿白色土布右开襟短袖长尾衣，襟口以彩线绣成蜜蜂、蝴蝶等图纹，并镶缀鲫鱼、野果等形状的银饰，后摆尾部和袖口边缘装饰红

白相间的花纹；内穿靛青色右开襟长袖衣，以银币为纽扣。左腰垂挂向日葵花形的刺绣飘带，末端用彩色绒线装饰；腰前系一块色彩鲜艳的刺绣围腰，一直拖垂到小腿。下穿黑色百褶长裙，长及小腿。江城县的哈尼族未婚碧约女子编发辫，戴六角镶银泡布帽，布帽顶部嵌一颗大银泡，并以红绿丝线点缀大银泡的边缘。已婚妇女梳发髻，戴木梳，发辫挽向前额成瓦楞形，包头从前额覆盖发髻，垂至腰际。穿藏青色右开襟连衣长筒裙，长及膝下，膝下包白布腿套。

卡多服饰：哈尼族卡多人居于墨江县的联珠、龙坝、雅邑、坝溜、那哈、通关、把边等乡镇以及绿春县大黑山乡、江城县宝藏乡、新平县建兴乡等地。哈尼族卡多妇女以自染自织的靛青色或蓝色布缠头，缠头布在额头交叉绕成“8”字形，包头形似圆盘，由头顶向额头两边分别有红、黄、蓝、绿、紫、白色的彩穗带垂至耳边；耳垂戴银环饰。上衣内穿长袖衬衣，外衣为黑色或蓝色布的斜襟右衽长袖衣，衽襟处从右上胸到右下

墨江县卡多女子服饰

腰间，钉“S”状的2排银泡，胸前偏下居中镶嵌放射状的八角花一朵。右上胸钉一对布纽扣，右腋下钉一对布纽扣。衣服长及腿部。左腰间垂挂2条或4条刺绣飘带，飘带上多为三角形、菱形或花草图纹。腰前的围腰上多绣有星星、花草、穗子等花纹，腰后又挂2条绣有三角形、菱形、花草图案的飘带，均为卡多妇女最精美的艺术品。下着黑色筒裙，长及脚后跟，较为简洁。新平县的哈尼族卡多女子裹青色圆盘式包头，前高后低，青年姑娘喜欢用镶有银泡绒花的布条和红色丝线沿额上端交叉相绕；穿靛蓝色右衽上衣，胸襟以白纱布镶边，呈“厂”字形，黑白相间处嵌有一排银泡或芝麻铃，两袖中部环镶白底绣有各

种图案的数块布条；围腰由几块布拼制而成，绣有动植物图案；腰带由各种彩线织成，并系一串缀了数10块绣满各色花样布片的穗子；下着黑筒裙，长及脚后跟，花裙带沿臀部自然下垂。

西摩洛服饰：哈尼族西摩洛人居于墨江县的联珠、龙坝、雅邑、泗南、龙潭、文武等乡镇，绿春县的大黑山乡和江城县的曲水乡、嘉禾乡等地。哈尼族西摩洛妇女头裹黑布包头，包头向前额凸出；少女戴银泡帽，帽顶红布呈四角状，脖

绿春县西摩洛女子服饰

项戴月牙形银项圈。上衣为用自染自织的土布面料制成的黑色短领斜襟右衽长袖衣，长及膝部，衣裙连为一体。领口钉22枚双排银泡，6枚3对银纽扣，并相应地绣上6朵鲜红的攀枝花。胸前缀满上百枚小银泡。衣脚四周绣棠棣花、万字花、八角花、大树叶等花纹。腰带绣满月亮花、狗牙花等花纹。用白布绑腿。

阿卡服饰：哈尼族支系阿卡人聚居在澜沧江－湄公河流域，包括西双版纳州、普洱市的澜沧县和孟连县。根据妇女的服饰类型，阿卡内部主要有尖头阿卡和平头阿卡两大支。从整体上看，其服饰大体属于长衣短裙型。在西双版纳哈尼族阿卡人中有这样一个美丽的传说：很久以前，雅尼（阿卡）和傣族本是亲兄弟，傣族是哥哥，雅尼是弟弟。后来兄弟俩长大分家时，嫂嫂和弟媳一起分配共同织出来的布匹。在分衣裳布时，嫂嫂一再谦让，把长的一匹布分给了弟媳；分裙子布时，弟媳就一再谦让，把长的一匹分给了嫂嫂，短的留给了自己。从此，雅尼妇女的服装是上衣

宽大，下着短裙；而傣族妇女的上衣总是紧身的，下面则是长长的筒裙。

传说反映了阿卡妇女服饰的特征。西双版纳州景洪、勐海、勐腊、澜沧等市县的阿卡人一般居住在海拔1300米以下的亚热带地区。其妇女以自染自织的黑色和青色土布作为面料，上身多以无领对襟镶银泡、彩色布拼镶贴饰和彩线挑绣的胸衣组成。下身穿靛染自织的黑色土布百褶裙，长及膝部，腿部裹以黑土布为底，用红、白、黄、

西双版纳州阿卡女子服饰

绿、蓝等彩色布拼接，上下两端边缘有挑花及银泡样图纹的绑腿。帽上缀有用丝线或彩色鸡毛编结成的穗子，帽子四周镶有许多珠串，帽绳从身后拉至下颌拴在脖前，帽绳打结的地方吊着一串长长的彩缨或用各色珠子穿成的花串子。

哈尼族的宗教信仰与节日祭祀

一、哈尼族的宗教崇拜与祭祀

哈尼族宗教崇拜的主要对象有天、地、日、月、风、雨、雷、闪电、山、河、动物、植物、水、石头、鬼魂、祖先等。

（一）天地崇拜与祭祀

哈尼族称天神为莫咪，称地神为咪收。莫咪是天上诸神中至高无上的大神，掌管着日月星辰、风雨雷电等诸神，也是人间的最大主宰，它保佑五谷丰登、人丁兴旺、六畜安康。直接与梯田农耕有关的是威嘴和石匹两位神。他们属于莫咪下一级的天神，掌管人间的农业，被奉为农业的保护神，要年年定期祭祀。地神咪收，据说是天神

莫咪的女儿，分管人间，是一位下达天神莫咪旨意、上呈民间意愿的美丽女神。

哈尼族在每年农历六月矻扎扎节期间对威嘴和石匹的祭献是天神祭祀的典型。

各地对地神咪收的祭祀由于栽插节令不同而具体日期有所差异。哈尼语称为咪莫突。

哈尼族祭地神

（二）水火崇拜与祭祀

对水和火的崇拜在哈尼族自然崇拜中占有重要的地位。水和火与人的生活息息相关。水除了可供人们日常饮用外，也是梯田农耕的“血脉”。

哈尼族对水的崇拜具体表现在对水生动物的敬仰及人们日常饮用水井的祭献。

哈尼族祭祀水神的地点主要在水井或泉水边，称为倮合说，一般在每年农历二月昂玛突节和六月矻扎扎节时进行。哈尼族人认为，人们饮用的清泉永不枯竭，是由于龙潭或泉眼中的螃蟹和石蚌起了保护作用，于是把它们视为水神加以祭祀。

哈尼族对火怀有崇敬的心理。哈尼人家的火塘既是房屋中心，又是祭祀火神的地方。火塘中的3颗锅桩石是火神的象征，任何人不得随意移动或跨越。每年的十月年节，都要以汤圆、茶、酒等祭献锅桩石和灶。因此，哈尼族家里的火塘一年四季不熄，即便人们外出劳作，也要把火红的炭火用灰捂起来使其不熄灭。

哈尼族认为，火给人类带来温暖，也可以给人类带来灾难。因此，每年正月或农历二月要在寨子边的箐沟里举行民伙倮仪式。这个仪式意为把火神封起来，不让它到处乱跑，以免发生火灾。

（三）山崇拜与祭祀

哈尼族认为凡是山都有神灵掌管，如果得罪了山神，轻者庄稼颗粒无收，重者危及人的生命。哈尼族各村寨每年都要定期举行杀牲祭祀山神的仪式。有的一寨祭一座山，有的数十寨祭一座山。

绿春县城山梁子的12个村寨，每年农历二月第一轮属牛日在元阳和绿春交界的阿倮欧滨举行杀牛祭祀山神的仪式。

（四）动物崇拜与祭祀

哈尼族的动物崇拜是图腾崇拜的表现，是自然崇拜的发展和深化。具体表现在对牛、狗、虎、蛇、鹰等动物的敬畏和崇拜心理上。

狗能看家守门，出山狩猎，可谓是人的忠实伙伴。过去，很多地区的哈尼族忌食狗肉，把吃狗肉看作是羞耻之事。小伙子吃狗肉，会被姑娘冷落。哈尼族地区在梯田稻谷转黄之际，在农历八月第一轮属龙日过尝新谷节。过该节时，新米饭要先喂狗，而后人们才能吃。据说五谷绝种之时，是狗找回了谷种，为了感激狗的功劳，哈尼族人立下尝新谷节吃米饭先喂狗的规矩。

有的地区的哈尼族，至今保留着祭石虎的习俗。那里的虎被尊崇为寨子的守护神。在哈尼族民间故事《天、地、人的传说》中，塔婆不仅是人类始祖，也是飞禽走兽的始祖，换言之，人和老虎是兄弟。至今有的哈尼村寨的寨门仍立有石雕的老虎，并在农历二月昂玛突节前夕以公鸡和母鸡各一只作为牺牲对其进行祭献。

（五）灵魂崇拜与祭祀

哈尼族笃信人一定有约哈，约哈即附于每个活人身上的灵魂，他们认为：从父母为婴儿杀鸡起名儿之日起人就拥有自己的灵魂，灵魂是看不见摸不着的；一个人有12个灵魂，并且必须保持完整，如果缺少了其中一个或几个，人就会生病，甚至死亡。因此，为了保持灵魂的完整，维护自身的安康，便产生了名目繁多的叫魂活动。一个人、一个家庭、一个寨子，甚至牛马牲畜等都要定期或不定期地叫魂。孩子玩耍时无意中跌倒，把孩子扶起来的同时，要抓一把灰土，表示把孩

子的灵魂也扶起来了。大人在任何地方受到惊吓时，也要说一声“回来哎”，意思是把被吓跑的灵魂唤回来。

（六）祖先崇拜与祭祀

灵魂不灭和祖先保佑是哈尼族宗教崇拜的核心内容之一。哈尼族认为祖先是永世存在的，是护佑子孙后代的主要神灵。祖先神的居住点一是坟墓，二是天神门口，三是家中神龛。每个家庭中一般都有2个神龛：一个在堂屋后山墙靠右角处，是专祭祖先神的地方；另一个挂在屋外进大门左边的墙壁上，是祭非正常死亡的“讨死鬼”的。神龛，哈尼语称候勾，是一块长40厘米、宽20厘米的长方形篱笆，以木桩固定在墙壁上，搭成一个平台。平时候勾上方不放任何东西。

哈尼族的祖先祭祀活动主要集中在年节活动中。每到节日，必须杀牲祭献祖先。

哈尼族的祭祖台——候勾

二、哈尼族的神职人员——咪谷与莫批

咪谷又称昂玛阿伟、普玛阿波、普师、最玛等，均为哈尼语的汉语音译。咪义为地，谷义为筋脉，咪谷即山梁脉络；主持村社祭祀活动的祭司，也称咪谷，其引申义为村寨精神的支柱。这里取的是后者。

在哀牢山区哈尼族聚居的红河、元阳、绿春等地区，广泛流传着《三个神蛋》和《最、批、技》

的传说故事。故事叙述的都是哈尼族社会中的3种人物即最(头人)、批(莫批)、技(工匠)的来历。《最、批、技》的大意是：天神烟沙家有白、花、红3块大田。白田里播下的人种，长出三等头人；花田里播下的人种，长出三等莫批；红田里播下的人种，长出三等工匠。从此，3种能人来到人间各司其职，人民安居乐业。

上述传说一方面告诉我们，在哈尼族社会里管理村内事务的头人与主持宗教活动的莫批以及掌握专业技术的工匠是同等重要的。因此，哈尼族谚语说："头人不在城墙倒，莫批不在鬼作乱，工匠不在田地荒。"这深刻地反映了3种能人在哈尼族社会中的地位和不同作用。随着社会的变迁，从元至明清时期，中央王朝在哈尼族聚居的哀牢山区推行土司制度。土司领主取得统治地位后，政教合一的鬼主制受到冲击，既是头人又是祭司的鬼主衍化成咪谷和莫批。传说中"最"就是咪谷的前身，故咪谷或最玛仍然具有头人的含义，只是其政治领导权被土司领主所替代，他只能主持宗教活动，失去了往日显赫的政治地位后，其职能范围亦随之缩小。但时至今日，咪谷在哈尼族社会中仍然具有很高的威望。

莫批又称毕莫，均为哈尼语的汉语音译，是哈尼族社会中的智慧人物，享有较高的威望和地位。他与咪谷一样，也是在神界与人界之间传递信息的人，是神灵的代言人。

在哈尼族的宗教领域中，仰批、翁批和沟批实际上就是3个不同的等级。仰批是最高等级的莫批，他们掌握哈尼族宗教祭词的全部或大部分，能主持最高等级的葬礼活动和需要杀牛祭祀的大型宗教祭祀活动，了解哈尼族社会历史发展的脉络，懂得本民族丰富的有形和无形的传统文化知识，因而得到翁批和沟批的尊重和支持。

三、哈尼族的节日

（一）岁首节日

哈尼族的岁首节日哈尼语称为扎勒特、干通通、车拉合什扎等。各地哈尼族对其称谓有所不同。按照哈尼族的历法，以农历十月为岁首，故汉

语译为十月年。红河南岸的哈尼族一般在每年农历十月第一轮属龙日开始过节，至属猴日止，历时5天。节日最大的特征是家家户户都必须做汤圆、舂糯米粑粑。有条件的人家还要杀猪。有的人家从市场上购买节期所需的猪肉、鸡、鱼等。节期不从事生产，不许把山上的青枝绿叶带回家中。

（二）祭祀与农事结合的节日

哈尼族祭祀与农事结合的节日主要有昂玛突节和矻扎扎节。

1. 昂玛突节

昂玛突也称普玛突、昂玛奥、昂玛掩，均为哈尼语的汉语音译。昂玛是哈尼族人为祈求村寨的安宁而崇拜的保护神，它是村寨精神力量的寄托。突义为祭。又相传，昂玛是古代哈尼族为护寨而献身的两位兄弟及其母亲。故此节汉语译为祭寨神，是哈尼族一年一度的以村社为单位的神灵祭祀与农耕祭祀相结合的隆重节日。此节活动的时间与建寨之日选定神林、神树的日期有关，因此，各村寨过节的日期各异，但一般是在农历正月或二月。

哈尼族祭寨神

昂玛突节意味着梯田春播春耕季节的开始。因此，有的哈尼族在昂玛突节期间，必须到秧田里撒谷芽秧苗，并用染黄的糯米和染红的鸡蛋祭献秧田。

2. 矻扎扎节

矻扎扎又叫耶扎扎、惹苦扎，均为哈尼语的汉语音译。一般在农历六月举行，故汉语译为六月节。此节一般与栽插结束的早晚有关，故各地哈尼族过节的时间各异。

关于矻扎扎节立秋千与磨秋的来历也反映了哈尼族开沟种田的历史。这个节日最大的特点

是村村寨寨都要在村边特定的位置立磨秋、架秋千。其习俗来历的传说是：远古时候，哈尼族人在开沟引水、烧山垦田时，得罪了生活在地上和山上的野物，它们到天神那里告状。神殿里判事的是个聋子神官，见野物们断肢缺臂，不问青红皂白，就判处哈尼族人一要每年六月杀人来供祭野物的亡灵，二是允许野物们到田里糟蹋庄稼。于是，每年六月祭祀时，哈尼族人都要为失去亲人而痛哭。哭声惊动了天神莫咪，他得知聋子神官的错判给哈尼族人民带来了灾难，便告诉野物们说，哈尼族人杀了你们千万个，你们一年只杀他们一个，不解你们的恨，每年六月我把哈尼男女老少吊在半空中，活活吊死给你们解恨。野物们高兴而去。天神莫咪又派威嘴和石匹到人间告诉哈尼族人，每年农历六月时，要高高地立起磨秋和架起秋千，一面骑磨秋和荡秋千，一面大声叫喊，叫得箐沟、老林里的动物都能听见。杀人供祭也改为杀牛供祭。野物们来到哈尼村寨，看见哈尼族的男女老少一个个吊到了半空中（荡秋千），一个个被拴在半空中的木头上（骑磨秋），人人发出“痛苦”的呼喊（骑磨秋时人们喊出的“哦嗬嗬”声），就认为哈尼族人受到了天神的惩罚，从此不再来糟蹋庄稼，也不去天上告状了。因此，哈尼族每年农历六月选择吉日杀牛祭秋的习俗沿袭至今。

六月节标志着夏至的到来。此时，梯田里的秧苗开始抽穗、扬花。其节日活动的目的，除了沿袭古规外，就是预祝稻谷丰收。六月节还标志着农耕进入了中耕和秋收前的准备阶段，即去除田埂杂草，扩宽和平整田间小路，以便秋收运粮。

哈尼族祭磨秋

哈尼族文化研究的前景

20世纪50年代至70年代末，在“大跃进”、人民公社化、“文化大革命”等连续不断的政治运动冲击下，哈尼族所有的村社祭祀和家庭祭祀仪式都被迫停止，哈尼族以人、粮、畜的健康、增殖为宗旨的所有宗教活动只能停留在人们的记忆之中，从而失去了许多优秀的具有进步意义的文化。

党的十一届三中全会以后，特别是80年代初期的改革开放，极大地激发了广大农民的生产积极性，使长期在温饱线上挣扎的农民摆脱了困境，各种民族节日得以恢复，人们又可以虔诚地举行祭祀神灵的仪式和孜孜不倦地传承民族文化了。哈尼族文化研究逐渐兴起，哈尼学研究进入形成发展阶段。这一时期的哈尼族文化研究以民间文学搜集、整理为切入点，少数民族民间文学、音乐、舞蹈“三套集成”的搜集整理工作大规模地开展。同时，红河州民族研究所和红河州哈尼学学会等有关机构的成立，标志着哈尼族文化研究工作从民间层面进入了地方政府工作层面。本民族的研究人员有了在专门的机构中开展研究的机会和条件。

21世纪以来，民族传统文化面临着严峻的挑战，如何应对全球化背景下民族文化的复兴，也提上了地方政府的议事日程。2000年，云南省提出民族文化大省建设的构想，并出台了《云南省民族民间传统文化保护条例》。2004年5月，根据《云南省红河哈尼族彝族自治州自治条例》的规定，将哈尼族的矻扎扎节和彝族的火把节作为自治州的法定节日，届时全州放假2天。随着民族文化的复兴，2000年10月，红河州委、州政府审时度势，将《红河哈尼族彝族自治州人民政府关于将红河哈尼梯田申报为世界自然文化遗产的请示》上报云南省人民政府。这是第一份关于红河哈尼梯田申报世界遗产的政府性文件，也是申报工作步入正轨的重要标志。为了配合申遗工程，2008年红河州又启动了一项非物质文化工程，即100卷《哈尼族口传文化译注全集》的搜集整理工作。该工作范围涉及国内哈尼族聚居区如红河州、

玉溪市、普洱市、西双版纳州。该丛书的内容涵盖了哈尼族的社会意识形态和生产生活知识。

2013年6月22日，在柬埔寨金边举行的第37届世界遗产大会上“红河哈尼梯田文化景观”被列入联合国教科文组织的《世界遗产名录》。

21世纪以来，哈尼族学者队伍不断壮大，哈尼学的研究机构和学术团体发展壮大，涉及交叉学科的学术著作不断问世，哈尼学学科建设日趋完善，进入了逐步成形、长足发展的阶段。近10多年来，关注哈尼族的学者、专家将研究向纵深推进。这些不同民族、不同地区、不同机构的学者、专家，来自历史学、语言学、人类学、哲学、民俗学、宗教学、考古学、民族学、地理学、农学等多个学科专业，使哈尼学研究实现了多学科交叉研究。各研究团体的会员和研究机构的专职人员已逐步成长起来，中央民族大学、云南大学、云南民族大学、红河学院、玉溪师范学院、普洱学院等高校聚集、培养了一批哈尼族青年研究人才。红河哈尼文化国际研究中心、墨江哈尼族文化研究所、红河学院国际哈尼/阿卡研究中心、红河学院民族文化遗产研究中心的组建，以及云南省民族学会哈尼族研究委员会、红河州哈尼学会、西双版纳州哈尼学会、普洱市哈尼学会、红河哈尼梯田保护与发展协会及相关市县哈尼族学会的成立，为交流、研究搭建了良好的平台，推出了一大批研究成果。哈尼学研究主体实现了国际化，共有近20个国家及地区的学者长期关注哈尼学领域。哈尼学研究主体呈现出不同地区、国家、民族，不同学科、专业，不同年龄段交叉互动研究的良好发展趋势。

参考文献

[1]《哈尼族简史》编写组.哈尼族简史[M].北京：民族出版社，2008.

[2]中国科学院民族研究所，云南少数民族社会历史调查组.哈尼族简史简志合编[M].中国科学院民族研究所印，1964.

[3]“中国少数民族社会历史调查资料丛刊”修订编辑委员会.哈尼族社会历史调查[M].北京：民族出版社，2009.

[4]云南省少数民族古籍整理出版规划办公室.哈尼阿培聪坡坡[M].昆明：云南民族出版社，1986.

[5]杨忠明.西双版纳哈尼族史略[M].昆明：

云南民族出版社，1992.

［6］中国人类学会.中国八个民族体质调查报告［M］. 昆明：云南人民出版社，1982.

［7］黄光学，施联朱.中国的民族识别：56个民族的来历［M］. 北京：民族出版社，2005.

［8］史军超.哈尼族文化大观［M］. 昆明：云南民族出版社，1999.

［9］杨六金，于兰.古代血缘的标志：国内外哈尼族父子连名谱系［M］. 昆明：云南人民出版社，2010.

［10］方铁.边疆民族史新探［M］. 北京：知识产权出版社，2013.

［11］王文光.中国古代的民族识别［M］. 昆明：云南大学出版社，1999.

［12］王文光，龙晓燕，李晓斌.云南近现代民族发展史纲要［M］. 昆明：云南大学出版社，2009.

［13］贺圣达，李晨阳.列国志：缅甸［M］. 北京：社科文献出版社，2009.

［14］石硕.藏彝走廊：文明起源与民族源流

[M]. 成都：四川人民出版社，2009.

[15]杨正泰. 中国历史地理要籍介绍[M]. 成都：四川人民出版社，1987.

[16]华林甫. 插图本中国地名史话[M]. 济南：齐鲁书社，2006.

[17]毛佑全. 哈尼族文化初探[M]. 昆明：云南民族出版社，1991.

[18]雷兵. 哈尼族文化史[M]. 昆明：云南民族出版社，2002.

[19]孙官生. 古老·神奇·博大：哈尼族文化探源[M]. 昆明：云南人民出版社，1991.

[20]杨正泰. 中国历史地理要籍介绍[M]. 成都：四川人民出版社，1987.

[21]何光岳. 氐羌源流史[M]. 南昌：江西教育出版社，2000.

[22]安介生. 历史民族地理[M]. 济南：山东教育出版社，2007.

[23]马长寿. 氐与羌[M]. 上海：上海人民出版社，1984.

[24]徐嘉瑞．大理古代文化史[M]．昆明：云南人民出版社，2005.

[25]尤中．云南民族史、云南地方沿革史[M]//尤中．尤中文集．昆明：云南大学出版社，2009.

[26]田继周．秦汉民族史[M]．成都：四川民族出版社，1996.

[27]葛剑雄．中国人口史：导论、先秦至南北朝时期[M]．上海：复旦大学出版社，2002.

[28]尹绍亭．远去的山火：人类学视野中的刀耕火种[M]．昆明：云南人民出版社，2008.

[29]李维宝．云南少数民族天文历法研究[M]．昆明：云南科技出版社，2000.

[30]刘尧汉，卢央．文明中国的彝族十月历[M]．昆明：云南人民出版社，1993.

[31]恩格斯．家庭、私有制和国家的起源[M]．中共中央马克思、恩格斯、列宁、斯大林著作编译局，译．北京：人民出版社，1999.

[32]范建华．爨文化史[M]．昆明：云南大

学出版社，2001.

［33］尤中．中国西南的古代民族［M］．昆明：云南人民出版社，1985.

［34］方国瑜．中国西南历史地理考释［M］．北京：中华书局，1987.

［35］郭声波．彝族地区历史地理研究：以唐代乌蛮等族羁縻州为中心［M］．成都：四川大学出版社，2009.

［36］何耀华．云南通史：1—6卷［M］．北京：中国社会科学出版社，2011.

［37］《中国彝族通史》编委会．中国彝族通史纲要［M］．昆明：云南民族出版社，1993.

［38］黄绍文．诺玛阿美到哀牢山：哈尼族文化地理研究［M］．昆明：云南民族出版社，2007.

［39］赵鸿昌．南诏编年史稿［M］．昆明：云南人民出版社，1994.

［40］邵献书．南诏和大理国［M］．长春：吉林教育出版社，1990.

［41］白耀天．侬智高：历史的幸运儿与弃儿

[M]. 北京：民族出版社，2006.

[42]伯尔考维茨. 中国通与英国外交部[M]. 江载华，陈衍，译. 北京：商务印书馆，1959.

[43]宓汝成. 帝国主义与中国铁路：1847—1949[M]. 北京：经济管理出版社，2006.

[44]尤中. 中国西南边疆变迁史[M]. 昆明：云南教育出版社，1987.

[45]徐舸. 清末广西天地会风云录[M]. 桂林：广西师范大学出版社，1990.

[46]谢本书，宋光淑. 共和再现：云南辛亥起义和护国首义[M]. 昆明：云南人民出版社，1995.

[47]杨国荣. 纳楼昨天的记忆[M]. 北京：民族出版社，2005.

[48]李泽然，朱志明，刘镜净. 中国哈尼族[M]. 银川：宁夏人民出版社，2012.

[49]李永燧，王尔松. 哈尼语简志[M]. 北京：民族出版社，1986.

[50]李期博. 红河哈尼族彝族自治州哈尼族

辞典[M]. 昆明：云南民族出版社，2006.

[51]王正芳.中国少数民族大辞典：哈尼族卷[M]. 昆明：云南民族出版社，2007.

[52]王铁崖. 中外旧约章汇编：1册[M]. 北京：生活·读书·新知三联书店，1957.

[53]中国第二历史档案馆.中华民国史档案资料汇编：军事(二)[M]. 南京：江苏古籍出版社，1991.

[54]中国第二历史档案馆，云南档案馆.护国运动[M]. 南京：江苏古籍出版社，1988.

[55]李希泌，曾业英，徐辉琪.护国运动资料选编：下册[M]. 北京：中华书局，1984.

[56]庄兴成，吴强，李昆.滇越铁路史料汇编：下册[M]. 昆明：云南人民出版社，2014.

[57]程馀庆.历代名家评注史记集说：1册[M]. 西安：三秦出版社，2011.

[58]周光华.远古华夏族群的融合：禹贡新解[M]. 深圳：海天出版社，2013.

[59]朱廷献.尚书研究[M]. 台北：台湾商

务印书馆，1987.

[60]杜预.春秋经传集解[M]. 上海：上海古籍出版社，1988.

[61]方国瑜.云南史料丛刊：2、3卷[M]. 昆明：云南大学出版社，2001.

[62]樊绰.云南志补注[M]. 昆明：云南人民出版，1995.

[63]顾祖禹. 读史方舆纪要：10册[M]. 北京：中华书局，2005.

[64]宋濂. 元史：卷六十一[M]. 北京：中华书局，1976.

[65]云南省历史研究所.清实录有关云南史料汇编：卷四[M]. 昆明：云南人民出版社，1984

[66]周去非.岭外代答校注[M]. 杨武泉，校注.北京：中华书局，1999.

[67]中国科学院历史研究所第三所工具书组整理.锡良遗稿·奏稿[M]. 北京：中华书局，1959.

[68]朱寿朋.光绪朝东华录：五[M]. 北京：

中华书局，1958.

[69]姜定忠.哈尼族史志辑要[M].昆明：云南民族出版社，2007.

[70]李春龙，牛鸿斌，等.新纂云南通志：1卷、4卷、7卷[M].昆明：云南人民出版社，2007.

[71]红河县志编纂委员会.红河县志[M].昆明：云南人民出版社，1991.

[72]云南省红河哈尼族彝族自治州民族志编写办公室.云南省红河哈尼族彝族自治州民族志[M].昆明：云南大学出版社，1999.

[73]红河州文物管理所.红河考古[M].昆明：云南民族出版社，2011.

[74]绿春县志编纂委员会.绿春县志[M].昆明：云南人民出版社，1992.

[75]云南省元阳县志编纂委员会.元阳县志[M].贵阳：贵州民族出版社，1990.

[76]金平苗族瑶族傣族自治县地方志编纂委员会.金平县志[M].北京：生活·读书·新知三联书店，1994.

[77]红河哈尼族彝族自治州政协文史资料委员会.红河州文史资料选辑：4辑[G].内部出版，1985.

[78]云南省地方志编纂委员会.云南省志：人物志[M].昆明：云南人民出版社，2002.

[79]广西壮族自治区地方志编纂委员会.广西通志：大事记[M].南宁：广西民族出版社，1998.

[80]中国人民政治协商会议全国委员会文史资料委员会.文史资料存稿选编：晚清·北洋(上)[M].北京：中国文史出版社，2002.

[81]云南省红河州政协学习文史委员会.锡都古今[M].北京：民族出版社，2005.

[82]玉溪地区民族事务委员会.玉溪地区民族志[M].昆明：云南民族出版社，1992.

[83]中共红河州委宣传部.红河哈尼族文化史[M].昆明：云南人民出版社，2006.

[84]《红河哈尼族彝族自治州概况》编写组.红河哈尼族彝族自治州概况：修订本[M].北

京：民族出版社，2008.

[85]红河哈尼族彝族自治州民族研究所．哈尼族研究文集[M]. 昆明：云南大学出版社，1991.

[86]龚荫．民族史考辨[M]. 昆明：云南大学出版社，2004.

[87]李子贤．云南少数民族神话选[M]. 昆明：云南人民出版社，1990.

[88]刘辉豪，阿罗．哈尼族民间故事选[M]. 上海：上海文艺出版社，1989.

[89]李子贤，李期博．首届哈尼族文化国际学术讨论会论文集[M]. 昆明：云南民族出版社，1996.

[90]西双版纳傣族自治州政协文史委员会．西双版纳文化历史学术研讨会论文集[M]. 成都：成都科技大学出版社，1994.

[91]尤伟琼．云南民族识别研究[D]. 昆明：云南大学，2012.

[92]朱小丰．古蜀文明探源[J]. 西华大学学报：哲学社会科学版，2009，28(2).

[93]毛佑全．哈尼族原始族称、族源及其迁

徙活动探析[J]. 云南社会科学，1989(5).

[94]李泽然.从语言学解释哈尼族的族称[J]. 中央民族大学学报：哲学社会科学版，2005(3).

[95]赵立伟.汉石经《尚书》异文与今本《尚书》校议[J]. 宁夏大学学报：人文社会科学版，2013，35(3).

[96]玉青.《禹贡》“鸟夷”的考古学探索[J]. 北方文物，1995(4).

[97]古永继.哈尼族研究中史误的三点辩正[J]. 民族研究，2007(3).

[98]丁香.哈欧人研究[D]. 昆明：云南大学，2012.

[99]杨寿川.哈尼族的贝币文化[J]. 思想战线，1993(3).

后　记

2018年3月，云南省社会科学界联合会和红河州社会科学界联合会将云南省社科联“云南史话”项目子课题“哈尼族史话”委托给红河学院民族文化遗产中心主任黄绍文教授，请其组织相关领域的学者和团队对上述课题开展全面的研究。

为了如期完成任务，红河学院历史系范德伟教授初步拟定了写作提纲，红河州社科院车秀梅副主席及项目组成员共同讨论，并做了撰写分工。为了达到“文字简洁流畅，内容丰富全面，兼具学术性、知识性、趣味性”的要求，我们在大量阅读文献及前人研究成果的基础上完成各自的分工，黄绍文教授和范德伟教授认真修改完善。由于编写时间紧，不足之处在所难免，恳请同行专家批评指正！

编　者

2018年11月26日